JN198350

MANAGEMENT
STRUCTURE

年商1億・10億・30億を叶える

経営しくみ化大全

経営コンサルタント
水野加津人
Kazuto Mizuno

星野書房

はじめに

「いつも新規集客に追われている…」

「育てた人が辞めてしまう」

「事業をもっと拡大したい」


「オンリーワンのポジションをとりたい」

　このようなお悩みを抱えた経営者は後を絶ちません。


　わたしは健康業界に身を置いて30年、痛み解消の専門家としての活動や経営のしくみ化コンサルタントとして、経営者や企業へのビジネス指導を通じて、のべ1万5000人の経営者さんにお会いしてきました。

　同時に、

「お客様のため、スタッフのため…!」

と仕事に打ち込んできた経営者が、晩年身体の不調を抱えている姿もたくさん目にしてきたのです…。

じつは、かつてわたし自身も年商1億円超の会社を経営していた際に、無理をしすぎて、身体を壊してしまった経験があるので、

「忙しすぎる日々から脱却したいと思ってはいるけれど、そうもいかない…」

と感じている人たちの気持ちが痛いほどわかります。

でも、経営のしくみさえ整えば、経営者の時間の使い方も人生も変えることができます。さらに、スタッフも自立し、お客様にも喜ばれ、トップがいなくても自動的に売上が上がり、会社は右肩上がりになっていくはずです。

わたし自身

「もっと早くこのメソッドを知っていたら…」

と省みるほどです。

ほかの経営者の方々には、わたしと同じようにお金と時間をムダに使わずに、成功への近道を進んでほしい。

そんな想いから、今回本書の執筆に至りました。

ビジネスには成功の方程式があります。

本書には、わたしがこれまで力を入れてきた要素をすべて詰め込んでいます。

- 売れる商品をつくる、売れ続けるしくみをつくる
- 共感される理念づくり
- 自走する組織づくり
- 経営者のタイムリーダーシップ
- 月イチ旅のすすめ

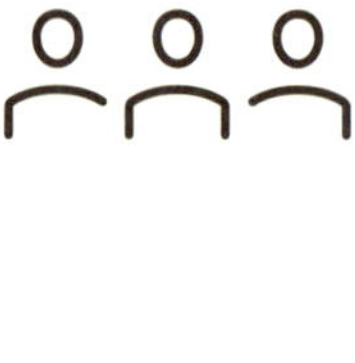

理念づくりや理念を実現するしくみ化づくりは、わたしが一番得意としているところです。

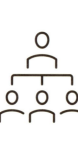

現在は、わたしの実体験にもとづいたアドバイスだけでなく、アメリカの月刊誌『INC』で「世界№1中小ビジネスアドバイザー」と言われ、20ヵ国100万部超の大ベストセラー『はじめの一歩を踏み出そう』（世界文化社）の著者でもあるマイケル・E・ガーバー氏の経営手法や協会ビジネス、教育ビジネスの構築法なども取り入れた方法で、しくみ化づくりをサポートしています。

さらに「月イチ旅」という経営者が月に一度旅に出向くメソッドで、トップがいなくてもまわるしくみを実践しながらつくりあげています。

しくみ化は、つくるだけで終わりではありません。

実際にしくみを支えてくれるスタッフやお客様に浸透することで、はじめて経営者だけが忙しいという会社の状況を変えられるのです。

成功する会社の土台が整えば、会社は年商1億円、10億円、30億円と安定して伸びていきます。

短期間で売上を上げて終わりではなく、長く安定して売上を維持し続けることができるのが、本書で紹介する「経営のしくみ化」の特徴です。

本書では、キリンビールV字回復の奇跡をはじめ、年商1億円から10億円超のビジネスのしくみ化を実現した例を、多数紹介しています。

経営者もスタッフもお客様もしあわせになり、同業他社も業界も日本全体も発展する方法は、かならずあります。

あなたも、ぜひ一緒にその輪を広げていきませんか？

２０２４年11月　水野　加津人

第2章　ビジネスの設計図をつくる

第3章　自走する組織をつくるには？

第5章　売れ続けるしくみのつくり方

第6章　成功する経営者の時間術

第7章　月イチ旅で、もっとビジネスを拡大させる

Q&Aでわかる月イチ旅の取り入れ方

装丁　谷元 将泰（谷元デザイン事務所）
本文デザイン・DTP　制作工房 風待茶坊
企画・構成・編集　星野友絵・大越寛子（星野書房）

第1章

年商1億を超える成功の法則

☑【チェックリスト】ビジネスが成功する14ポイント

あなたはいくつ当てはまりますか？

年商が数億円・数十億円の経営者には、ある共通点があります。
あなたは次の14の項目にいくつ当てはまるのか、チェック☑してみましょう。

□ なぜ、このビジネスを行っているか言語化できていますか？
□ 言語化されたものを伝えられるようになっていますか？
□ 共感される理念はありますか？
□ 1、3、5、10年後のゴール設定はありますか？

□ゴールが共有できるようになっていますか？
□20万円以上の高単価商品、サービスはありますか？
□高ＬＴＶの商品フロー（設計図）はありますか？
□集客フロー（設計図）はありますか？
□紹介フロー（設計図）はありますか？
□販売フロー（設計図）はありますか？
□クライアントのカウンセリングフロー（設計図）はありますか？
□組織図はありますか？
□感情の可視化（スタッフ、クライアント）はできていますか？
□ＰＤＣＡをまわすしくみはできていますか？

ビジネスを成功させている人ほど、当てはまる項目数が増えます。

チェックが多いほど、会社のロードマップが整っているという証になるのです。

もし当てはまる項目が少なかった場合は、本書を参考に、ぜひチェックできる項目を増やしていきましょう。

成功の方程式に沿って動こう

落とし穴にはまっていませんか？

ビジネスには業界にかかわらず、成功の方程式があります。
あなたは、億超えの年商を10年以上続けるためには何が必要だと思いますか？

（例）
・集客ができればうまくいく
・売上が上がればうまくいく
・店舗を増やせばいい

・いい商品・サービスがあればいい
・技術・サービスがよければクライアントは集まる
・組織づくりにはいい人を雇えばいい
・会社は経営者のリーダーシップが重要

これらはすべて、成功の方程式に当てはまらない考え方です。

厳しいことを言うようですが、このように思っている人はうまくいきません。

たとえ一時的にうまくいったとしても、継続して発展することは非常に難しいでしょう。

一方、**うまくいっている人は、かならず成功の方程式に当てはまる動きをしているもの**なのです。

本書では、先人の成功者の例を、成功の方程式に沿ってご紹介していきましょう。

日本人に合った成功の法則を取り入れよう

年商が億を超える企業の特徴とは?

世界にはさまざまなビジネスモデルがありますが、わたしは日本人に合った成功法則なのかどうかも重要視しています。

年商が億を超える日本企業にはどのような特徴があるのかも、チェックしておきましょう。

【年商が億を超える日本企業の特徴】
・10年以上、安定して億単位の売上がある、または継続的に成長している
・クライアントやスタッフに応援されている
・紹介が多い
・スタッフが自分で考えて働いている
・同業他社と戦わない
・業界と社会の発展に貢献できている
・トップの働き方が、経営者からオーナーへ変わっていく

このことから、日本人は元々農耕民族だったので、**短期間で爆発的に儲けるよりも、チームで協力し合い長期的に安定して利益を得ることのほうが、日本人の気質に合っている**ということがわかります。

だからこそ、チームで協力し合い、10年以上継続して売上を得られるようにビジネスを考えていきましょう。

億超え経営を目指す3つのポイント！

10年以上継続するビジネスモデルをつくろう

億超え経営を目指すには、大きく3つのポイントがあります。

1 「億超え経営」を目指すと決める
2 理念で軸を整える
3 魅力ある商品、サービスをつくる

経営をどれくらいの規模で行うのかは人それぞれです。

まずは、年商で億超えを目指すのか、数千万円を目指すのかを決めるところからスタートしましょう。


次に、理念を考え会社の軸を整えます。

「会社が何のためにあるのか？」

「どんな価値を提供したいのか？」

「どんなゴールを目指すのか？」

などの大事なポイントを最初にひとつずつ決めていくことが大切です。


3つ目に、魅力ある商品サービスがきちんとあるかどうかも重要です。

「クライアントにとって本当に必要なものは何か？」

「クライアントが本当に求めているものは何か？」

などを最初に確認してください。


理念をベースに、お客様に求められる魅力ある商品・サービスを目指しましょう。

３つのカギを整える

３つのカギを揃えることが大切

経営のしくみ化をする際、わたしが大切にしているのは、３つのカギを整えることです。

１　売れる・継続されるしくみ
２　共感される理念
３　組織

3つのカギを整える

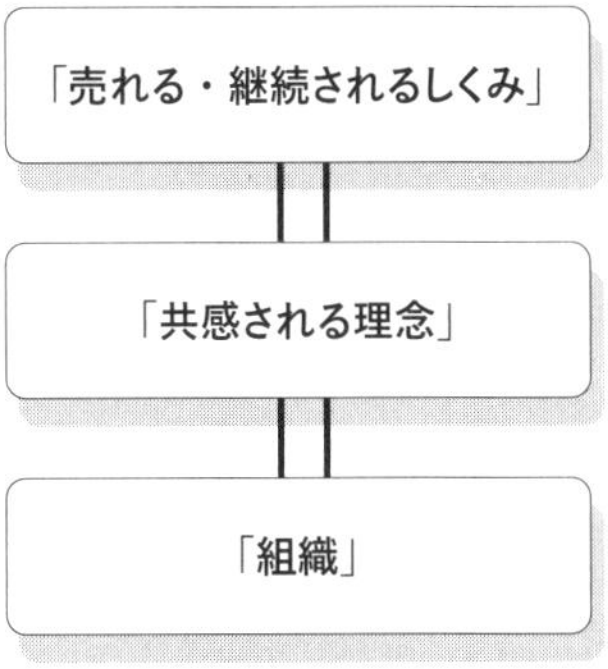

売れる・継続されるしくみと
組織とをつなぐために
共感される理念が必要！

コンサルティングでわたしが**最初に着手するのは、「売れるしくみ」と「継続されるしくみ」をつくること**です。

そして、売れる・継続されるしくみと組織とをつなぐために、共感される理念が必要になっていきます。

一生のお付き合いができる「売れるしくみ」をつくろう

多くの人が売れるしくみをつくって終わっていますが、年商が億を超えるビジネスを実現するには、売れるしくみをつくったあとに、売れ続けるしくみをつくる必要があるのです。

- ・売れる商品をつくる
- ・リピートされる設計をつくる
- ・クライアントと一生のお付き合いができる設計をする

このステップでしくみをつくっていきましょう。

ステップで売れるしくみをつくる

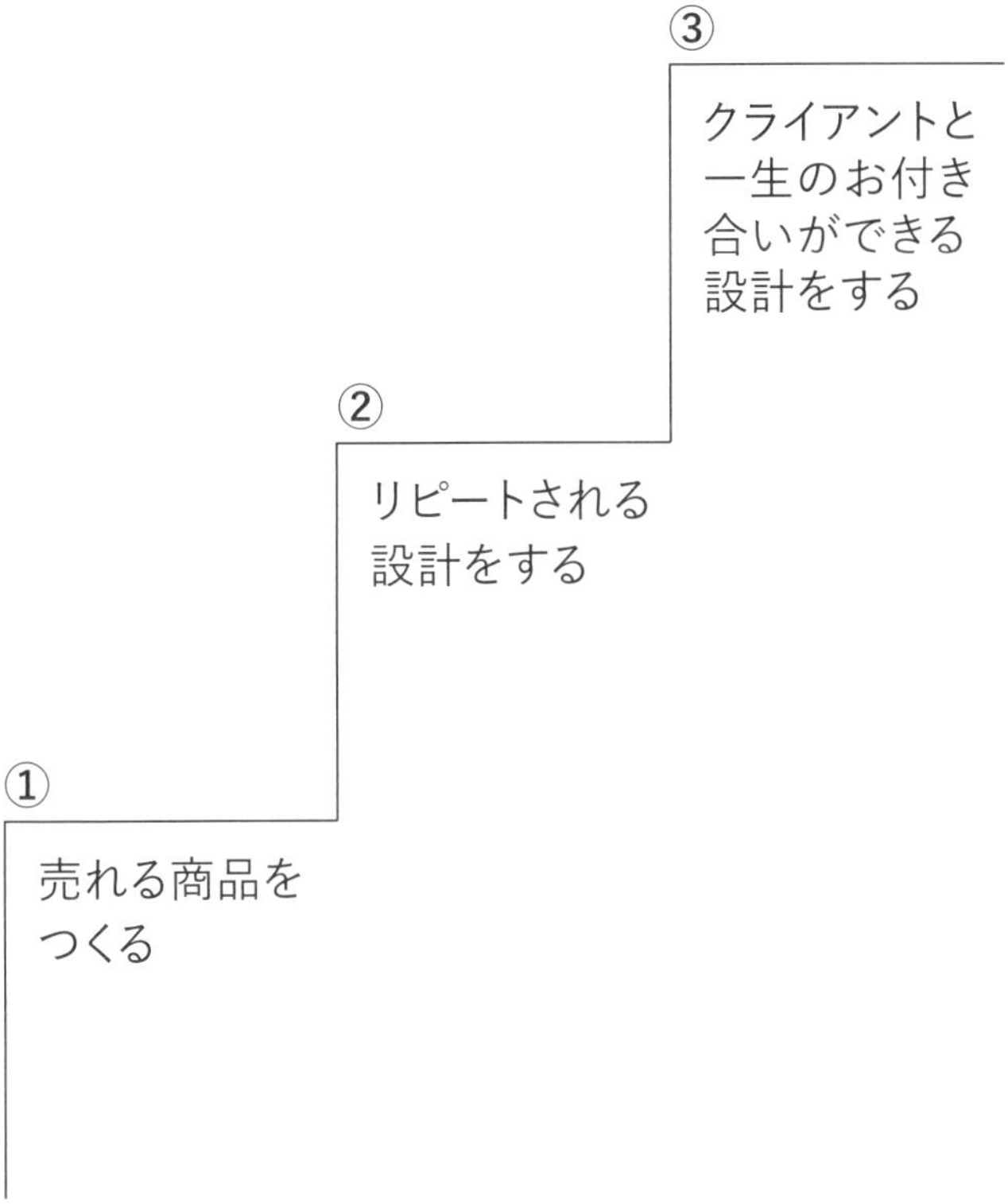
③
クライアントと
一生のお付き
合いができる
設計をする
②
リピートされる
設計をする
①
売れる商品を
つくる

売れるしくみをつくったあとに
売れ続けるしくみをつくる

組織をまとめるのは経営者の人間力ではない

ビジネスで年商1億円以上を目指す場合、ひとりで行うには限界があります。

そのため、組織づくりも必要になります。

これまで大勢の経営者とお話ししてきましたが、組織はあるものの人の問題で苦労している、というケースは少なくありません。

そのひとつは、社内的なものです。

わたしも自分で大人数の会社を経営していましたが、最初は組織をうまくまとめられませんでした。

自らの人間力でまとめるのと、お金の力（お給料）を活用して「お給料をもらっているから働く」というまとめ方のどちらがいいのかを考えたとき、わたしは人間力だと思っていました。

でも現在は、**「組織をまとめるのは、経営者の人間力ではない」ということが、わたし**

の結論です。

人間力で経営している場合、あなたが死んだら困るビジネスモデルになっています。そのまま継続していると、いざというときにクライアントも、スタッフも困ってしまう危険性があるのです。

経営者不在で会社がまわらなくなる組織は、個人事業主の延長線上のようなもの。億超えの年商を継続するのならば、経営者がいなくても日々の業務がまわるような組織づくりに取り組みましょう。

理念があることで売れるしくみも組織もうまくまわる

３つ目のカギは「理念」です。

商品が売れるにはお客様の共感が必要です。また、組織が経営者の人間力に頼らないようにするには、スタッフの共感が欠かせません。

「なぜ、このビジネスを行いたいのか？」

「誰を救いたいのか？」

「どんな未来を描きたいのか？」

このようなことを積極的に発信し、売れるしくみと組織をまわしていきましょう。

望む未来から理念をつくる

会社・仕事・プライベートそれぞれの理想を描こう

組織やしくみを見直したいのなら、最初に取り組むべきことは「望む未来を描くこと」です。

漠然としたままで描くことは難しいので、次のような質問項目から、描きたい未来のピースを見つけましょう。

未来を描く質問

次の質問から、自分の描く未来をイメージしましょう

【理念について】

- ☑ なぜ、このビジネスを行いたいのか?
- ☑ 誰を救いたいのか?
- ☑ どんな未来を描きたいのか?

【ビジョンについて】

- ☑ 理想の会社
- ☑ 理想の仕事
- ☑ 理想のプライベート
- ☑ いまの自分にあるものは?
- ☑ いまの自分にないものは?
- ☑ いまの自分にできること
- ☑ いまの自分にできないこと

まずは、仕事もプライベートも含めて、自分がどんな未来を描きたいのかを考えましょう。パズルのように、イメージのなかで完成の絵を描いてください。

そして、次にパズルのピースとして現在あるものとないもので整理していきます。

さらに、それが自分にできることか、できないことかを確認していきます。

そうすると、自然と会社の現状がつかめてくるはずです。

「理想の会社・理想の仕事・理想のプライベートを、それぞれどのように実現しますか？」

それぞれを分けて考えることで望む未来がより具体的になり、イメージしやすくなるので、足りないパズルのピースも具体的にわかってきます。

このように、まずは現状を知ることからスタートしましょう。

根本の問題を解決できる理念をつくる

理念をつくる前に現状を把握して受け入れよう

共感される理念をつくるときも、まず現状を把握するところから始めましょう。自分が描いた望むゴールに行くために何がネックになっているのかを、最初に明らかにしておくことが大切です。

・共感される理念があるかどうか
・組織がきちんとできているかどうか
・売れる商品・サービスができているかどうか
といった問題点の把握を最初に行いましょう。

大抵のクライアントは常に仕事に追われているので、

「何から着手していいのかがわからなくてできない」

というケースも多々あります。


問題点の見える化はとても重要なのですが、できていない人も増えています。

でも、先に問題を整理して対策ができると、ビジネスはすごい勢いで成長を始めます。

ここに力を入れているのも、わたしの特徴であり強みかもしれません。

根本の問題を解決できる理念をつくる

会社の問題も、どこに根本的な問題があるのかを探すことが重要です。

マニュアルやルールで一律にすると、対処はラクかもしれませんが、それだけでは不十分です。

まずは現状を確認して、

「どうしたら理念を実現できるのか？」

を関わる全員で考えましょう。

この土台ができれば、目の前の問題も、ひとつずつ解決していきますよ。

理念は明確に伝わりやすくする

マンツーマンで寄り添い型のコンサルティングを提供する

ここでは、わたしが大切にしている理念を例に、理念とはどのようなものかご紹介しましょう。

【3つの理念】
1　いいものがさらに広がり永続するしくみづくりを通じて、人々の心身の豊かさに貢献する
2　社長の人生に健康としあわせを提供する

３　旅する社長を増やす

この理念にもとづいて、クライアントと向き合うときは次の点を大切にしています。

・寄り添い型のコンサルティング
・経営者一人ひとりの違いに合わせてマンツーマン対応（タイプ、やりたいことが違う）
・お金・人間関係・健康の視点を持つ
・経営者の恐れ・不安の解消、がんばらずにうまくいく方法を模索する

マンツーマンのポイントは、タイプが違ったり、したいことが違ったりする方に合わせていくことです。お金、人間関係、健康がいい状態を保てるように、経営者の不安を解消し、がんばらずにうまくいく方法を提供しています。

このように、**理念が明確になると、やるべきことや大切にするべきことも明確になります。**さらに、スタッフやお客様にも伝わりやすくなるのです。

次の章では、まず土台になる売れるしくみづくりからお話ししていきます。

共感される理念は「見える化」して語ろう

理念とストーリーを文章にしていますか？

共感される理念を広めるには、言語化して見える形にしておくのがおすすめです。

経営者が、口で直接伝えられる人数には限りがあります。

ですから、**その人が必要なときにいつでも見てもらえるよう、自分の想いを文章に残しておくことが大切**なのです。

社内の掲示物、メール、書籍…さまざまなものがあるので、自分に合ったものから取り組んでみてください。

電子書籍で過去最高の「いいね」をもらえた

ここでも、ひとつ例をご紹介しましょう。

わたしが電子書籍『患者さんの腰痛を根本から解消する本』を出版したときのことです。

出版するに至った自分自身のストーリーをわたしのFacebookに投稿したところ、1投稿で、500件の「いいね」がつきました。これは、その当時の友達数が3000人ほどの投稿で最高の実績です。

コメントは400件ですが、わたしがひとつずつにお返事しているので、実際のコメント数は200件ほどでしょうか。これもその当時のわたしのFacebook投稿では、もっとも多いくらいの数字です。

何より嬉しかったのは、シェアが20件もあったことです。

この20件は、「よかったらシェアしてください」とお伝えした程度で強くお願いしたわけではありません。全員、ご自身の判断でシェアしてくれました。そして電子書籍のお知らせ関連の記事は、結果的に期間中に合計60件のシェアをしてもらえたのです。Ｆａｃｅｂｏｏｋに投稿している人ならばわかると思いますが、自分が投稿した1キャンペーンの内容に、何十件もシェアされることは滅多にありません。

書籍や投稿を通して想いを文章にしたことで、多くの応援が入りやすくなりました。

さらにそれが**共感される多くの人や業界のお悩みに関係することだったからこそ、このような結果につながった**のです。

ぜひ、理念やストーリーを文章化し、認知を広げていくことで共感してくれる人を増やしていきましょう。

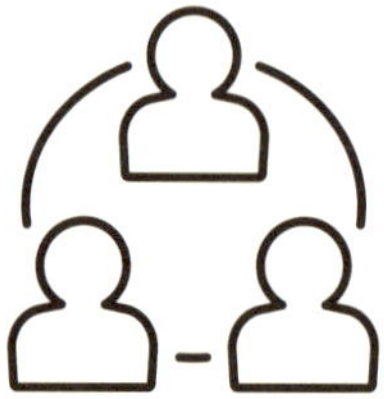

電子書籍のお知らせ関連記事

●いいね	512件
●コメント	397件
●シェア	20件
●期間中トータルシェア	60件

メディアも上手に活用しよう

メディアで売上とポジションをつくる

共感される理念を文章化して発信していると、メディアから取材の問い合わせなども入りやすくなります。

そして、メディアに紹介されると、「○○の専門家」という認知が広がり、お客様が増えるので売上も上がります。

業界にもよりますが、メディアで紹介されるタイミングに合わせてキャンペーンを行うことで、２０００万円ほど売上が上がったケースもあります。

本書を手にとっていただいてわかるように、出版は新しい人との出会いです。

せっかく文章化するのであれば、より多くの人に届けることを目標にしましょう。

本を出すことがゴールではなく、新しい人との縁をつないで自分のサービスを必要としてくれている人と出会い、お悩みを解決する機会を提供することがゴールなのです。

それがお客様の喜びになり、売上にもつながります。


じつは、大手企業でも、このしくみ化をきちんとできていないケースも少なくありません。

お客様と関係を維持するしくみがあれば、出版などのメディアを上手に活用して認知を広げることで、売上もポジションもどんどん上がっていきますよ。

経営の軸が整う理念をつくろう

理念はつくるより浸透させることが大切！

ここまで、わたしの例を元に理念についてお話ししてきましたので、次は、実際に自分に合った理念について考えてみましょう。

共感される理念をつくるときに、注意してほしいポイントがあります。

× 相手に合わせて心地よい言葉を並べる
◎ 相手の心に響くメッセージをつくる

相手の心に響く言葉は、自分の内側から生み出すしかありません。
あなた自身が一番心を動かされる言葉を考えましょう。

また、**共感される理念は「つくる」ことより、「浸透させる」ことが重要**です。
つくったあとは、文章にして多くの人に語るようにしてください。

スローガンのような理念を掲げていませんか？

理念についてお話しすると、なかには
「理念では飯が食えない」
「理念なんかあってもしょうがない」
という人もいます。

そして、そのような人の多くは、「質実剛健」や「会社の発展」など相手の心に響かないスローガンのような理念を掲げているケースが非常に多いのです。

このような理念では、お客様もスタッフも心が動かず、興味も持ってもらえません。理念が機能していないので「理念はあっても意味がない」と感じてしまうのでしょう。

共感される理念には人から応援される効果がある

自分の想いをしっかりあらわした理念をつくり、まわりに伝えていくと、次のような効果があらわれます。

【共感される理念のメリット】

・共感してくれる人が集まってくる
・紹介が増える
・クライアントやスタッフが応援してくれる
・メディアに応援してもらえる
・企業コラボにつながりやすい

・地域一番店になれる
・業界のポジションが得られる
・経営者が歯車から抜けられる

クライアントから「それいいね」と思ってもらえる理念を持ちましょう。
わたしの師匠のひとり、経営コンサルタントでありマーケッターの方も、「理念が生きている会社は、共感される理念になっている」「共感されるには、誰かを救うメッセージになっているかどうかが大切」と言われていました。

理念をぱっと見たときに、クライアントが喜んでいる姿が浮かぶような理念を掲げましょう。

経営の軸が明確になると、お客様の動きもスタッフの動きも変わっていきますよ。

スタッフを巻き込んで理念を実現させよう

理念の実現はスタッフと一緒に取り組む

コンサル先の企業のなかには、経営者と一緒に右腕スタッフが参加しているケースもあります。

これは、組織を動かすにはとても有効な方法です。

経営者が自分の考えている理念体系を話し、どう実現するかを考える場にスタッフが同席することで教育にもなりますし、実行してもらえるようにもなります。

同席してもらうのは、右腕の人だけに限りません。

現場のスタッフ、事務局の人など、関わる人を巻き込んでいくことが大切なのです。

わたしのコンサルでは、社長のコーチングのように話を進めながら、会社の最適化、再構築をし、同時にスタッフの教育も一緒に行っています。

不思議に思われるかもしれませんが、ときには、**経営者本人から想いを伝えるより、第三者から客観的に話すほうが伝わりやすい**こともあるのです。

まわりを巻き込むほど、会社は早く大きく変化していきますよ。

ここで、まわりを巻き込んで、成功された好例として、一時期低迷していたキリンビールを業界1位に押し上げた、キリンビールの元代表取締役副社長田村潤さんのお話をご紹介しましょう。

「理念をどう実現するか」一人ひとりが考えて動く

田村　潤

元キリンビール株式会社　代表取締役副社長
全国の営業の指揮をとり、２００９年にシェアの首位奪還を実現。
従業員とお客様に響く理念を唱え、従業員自らが新しい販売のしくみを生み出し、多くの業績を残している。
著書はベストセラー『キリンビール高知支店の奇跡』（講談社）『負けグセ社員たちを戦う集団に変えるたった１つの方法』（ＰＨＰ研究所）ほか多数。

キリンビールＶ字回復のきっかけは理念のしくみ化

キリンビールがトップシェアを奪回できたのは、ヒット商品があったからではありません。理念のしくみ化ができ、社員の心の置き場を変えられたからです。

『キリンビール高知支店の奇跡』には、理念から始まるビジョンを元に、Ｖ字回復を実現された実例が多数掲載されています。

理念実現を目標にするとすべてがうまくいくことに気づき、理念のしくみ化に取り組み始めたのは、１９９７年の秋頃の話です。

当時、あらゆる活動について、「目標数値の達成」から「理念を実現するためのもの」というように、意味合いを変えていきました。

そのときにわたしが掲げた高知支店の理念は、「キリンビールを飲んでいただき高知の人にしあわせになってもらう」です。

数字達成には燃えなかった社員たちも、この理念には燃えていました。

お客様のためにがんばるとお客様が喜んでくれるので、それが嬉しくてまたさらにがんばることができます。その繰り返しで、自分の使命はここにあると気づいていったのです。

おかげでメンバーが個性的になり、組織が明るくなり、平等になっていきました。

支店長も女性社員も役割は違いますが、役割をまっとうすることにおいては平等です。現場の一人ひとりが顧客に向かい、内部の社員がそれをサポートし、情報はすべて共有化しました。

そうすることで、理念の実現に社員一丸となって向かっていったのです。

理念をどう実現するか考え始めると仕事は楽しくなる

高知支店では、２つの方針を掲げ、全員がキリンの代表者として行動するようになっていきました。

> ◎方針
> ・自分たちで考えて自分たちで行動する
> ・向かうところはキリンの理念の実現

その結果、得意先からも信頼されるようになったのです。

会社としては、予算は守らなくてはいけませんが、どのように乗り越えていくのか、という点に自由が発生します。

そして、それを考え、行動に移すことが「仕事」なのです。

わたしの場合、

「お客様に1本でも美味しいキリンを飲んでいただき、しあわせになってもらう」

「営業担当は、どこにでもキリンが置いてある状態をつくる」

という理念と戦略を固定しましたが、戦術レベルでは完全に自由にしました。

お客様を相手に、「やっぱりキリンがいい」ということを伝えて飲んでいただく。そのためにどうしたらいいかを考えて取り組んでいくというスタイルです。

この方法が、四国や東海地区でも受け入れられ、市場の流れを反転させ、大きな結果が次々に生まれていきました。

やがて、本社に異動して4000人に増えた部下たちが、仕事に意義とやりがいを感じ始め、キリンビールの企業理念、お客様本位・品質本位を実現する組織になっていき、売上が急上昇していったのです。

人の本質は同じですから、**しくみさえできれば、10人のマネジメントも4000人のマネジメントも同じ現象が起こせる**のです。

理念によるマネジメントは、構造を明確にしないと取り組めません。

わたしの場合、その構造を高知で把握することができたのは幸運でした。

理念をしくみ化する

Before

目標数値の達成を優先

↓

理念を実現させることを
優先するように方針変更

高知支店の理念

キリンビールを飲んでいただき
高知の人にしあわせになってもらう

↓

After

社員のやる気も売上もUP

売れ続けるカギは理念にある

会社としては、放っておいてもキリンビールがどんどん自然に売れていくのが望ましい状態です。それを実現する方法を知るために、どうしたら買ってもらえるのか、年間4～5000人の消費者に聞いてまわりました。

「どうしたらキリンを買ってくれますか?」

と聞いた結果、お客様は

「売れているビールが飲みたい」

「どの飲み屋・小売店でも一番目立っていると『キリンビールが一番売れている』と思う」

ということがわかったのです。そこで、「キリンが一番目立つ状態をつくれたら、放っておいても売れるはずだ」という仮説を立てました。

そしてその方法こそが、**キリンビールの経営理念「お客様本位・品質本位」だと気づいたのです。**

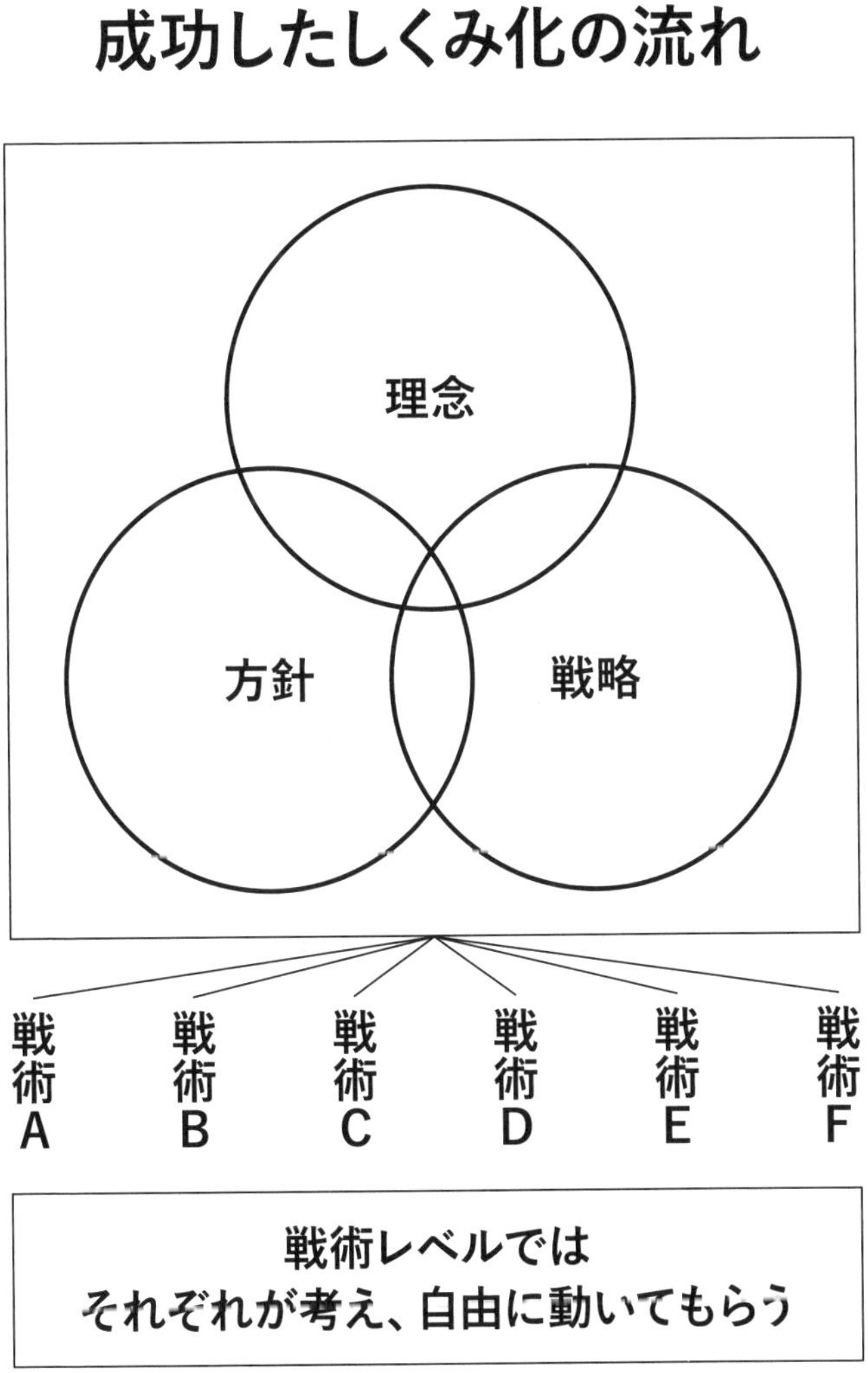
成功したしくみ化の流れ
理念
方針
戦略
戦術A
戦術B
戦術C
戦術D
戦術E
戦術F
戦術レベルでは
それぞれが考え、自由に動いてもらう

理念が明確になると、営業が行うべき行動も高知の人を大事にするメッセージを伝えていくことだと明確になり、自然に売れていきました。

過去の偉大なキリンの経営者は「利益よりも大切なことは、美味しいビールをつくり、日本人をしあわせにすることだ」という想いを掲げ続けてきたのです。

創業時からある、「お客様本位・品質本位」というキリンの経営理念を、わたしは「1本でも美味しいキリンを飲んでいただき、お客様にしあわせになっていただくこと、それをわたしたちの喜びにする」

という言葉で部下に伝えていきました。

言葉にすることで、可能か不可能かではなく、どう実現していくかに意識を向けていったのです。

理念実現を唯一の目標にするマネジメントは、このようにすることで利益が上がります。ここが、いわゆる理念経営やパーパス経営と似て非なるものと言えるかもしれません。

**理念を言葉にすることで
どう実現していくかに
意識が向くようになる**

社員が動きやすくなるよう環境を整備する

想いが定着するように、高知支店ではさまざまなことに取り組んできました。

まず、わたしが取り組んだのは毎週のメール発信です。

最初は、今日行う仕事がどのように理念とつながっているのかに気づくのは難しいので、それを伝える内容を、現場の実例を交えながら発信していました。


そのほかに、環境整備も行いました。

営業がより現場に行きやすいように内勤業務を簡素化したり、多すぎた会議を減らしたり、過去を問わないようにもしました。

それまでは「なぜ売上が悪いのか?」という言い訳ばかりの会議だったので、過去は無視して現在と将来に集中するようにしたのです。


また、戦略を考える場合、少しでも迷うことがあれば考え抜き、かならずクリアするようにしていました。曖昧なところがあると、リーダーがぶれてしまうからです。

一人ひとりが覚悟を持つことが大事です。行動しているうちに、「自分が会社を何とかする」という覚悟を持つようになっていけたのです。

このようなさまざまな取り組みを通じて、社員一人ひとりの動きが活発になり、会社も活気づいていきました。

まずリーダーが部下の話を聞いて理解しよう

理念にすぐ共感してもらえたら理想的ですが、経営者が理念をいいと思っても、部下がついてこないのが普通です。

そのときは、心も折れてしまいがちですよね。

わたしは、そうならないように、徹底して部下の話を聞くように心がけていました。

部下の行動にも何かしらの理由があります。その理論や構造をとにかく把握しましょう。

そして、「なるほど」と思うものがあればすぐに取り入れるのです。

部下がついてこられないときは、何か理由があります。

経営者は、相手に質問をして徹底して聞き、考えをよく理解して受け入れましょう。

そのうえで、

「わたしがこの会社をもっといい会社にして、もっと世の中に貢献していきたいから協力してもらえないか？」

と伝えると、部下も理解を示してくれるようになります。

「上司は自分の言う通りにさせることが仕事」と思っている人がいますが、その時代はもう終わったのです。

部下の話に心を傾けて聞けているか、一度振り返ってみましょう。

行動しているうちに自然と覚悟が生まれる

成功するために必要なことは、謙虚さと素直さと大義

謙虚さと素直さ、この2つを持っている経営者は成功します。

謙虚な人とは、「自分は多分間違えるから、間違えないように周到に準備をしよう」と考えられる人です。

一方、「これはもう大丈夫だ」と思っている人は失敗しやすく、さらにその失敗を人のせいにしてしまい、成長する機会を失ってしまいます。

また、素直な人も成功しやすいといわれています。

人は、どうしてもいろいろな予見を入れてしまうものです。

ありのままに現象を見ていると、どこにその問題の本質があるのかがわかってくるようになります。その事実を、ありのままに素直に見られる人が成功するのです。

物事の本質を把握できるように、素直に受け取りましょう。

そして、これからの時代はとくに大義が必要です。

技術革新は日進月歩ですから、大転換期に成功する要因はやはり大義です。
自分の使命に気づき、そこに向かっていくことができる人間を目指しましょう。

儲け話などは、毎日たくさん出てきます。
企業には投資会社や証券会社からの話もたくさんあるので、迷ってしまう人も少なくないのですが、「事業を通じて成し遂げたいこと」にぶれずに進める人間が最後は成功するのです。

現代では、お金を最初に考える人が大勢いますが、お金を軸にすると、迷うことが増えてしまいます。**経営者として成功するには、謙虚であり、素直であり、そして大義を持っていること、この3つを大切にしましょう。**

いまの若者たちとの関わり

Z世代は、大義に関心を持っています。

ところが、転職が当たり前という意識になってしまっていることが気になっています。ここに落とし穴があるのではないでしょうか。

社会のため、大義のために向かって動くことに一番共感しているのはZ世代です。

それなのにすぐに辞めてしまっては、よさが発揮されないことにもなりかねません。

大成している人の多くは、何かしら苦しみ、困難を乗り越えた経験を持っています。

老婆心ながら、若い人には恐れることなく突き進んでもらいたいと願っています。

物事には、かならずいい面と悪い面があります。

その両面を見て、すべてを受け入れて突き進みましょう。

それが、日本人としてこの世に生まれてきた、使命・運命ではないでしょうか。

まず我々の世代が、謙虚さ、素直さ、そして大義を大切にすることで、若い世代にもつないでいきましょう。

第2章

ビジネスの設計図をつくる

３つの問題解決パターンから
あなたの現状をチェックしよう

成功する人は自分に合った設計図を持っている

ビジネスが成功するには、かならず経営の設計図が必要です。

ところが、**この設計図を持たずに行動している人がとても多くいます。**

世界№１コーチと言われるアンソニー・ロビンズ曰く、問題が起こったときの対応には、３つのパターンがあります。

1　無視と批判

１つ目のパターンは、無視と批判です。

「よくわからないから」
「こんなもんだろう」
「世の中、こんなもんだから」

と放置し、人や会社のせいにして何も対応しないパターンです。

2　行動で乗り越える

２つ目は、行動で乗り越えるパターンです。

このタイプの人は、問題解決のためにどんどん行動していきます。

行動することはとてもいいことなのですが、ひとつ問題があります。

それは、設計図が違っていると、どれだけ努力しても理想が完成しないことです。

たとえば、３ＬＤＫの家づくりを目指しているのに、２ＬＤＫの家を建てる設計図を持っている人がいるとします。

この場合、どれだけがんばっても3LDKの家は建ちません。

実際の建築現場ではあり得ないミスが、経営の場合には多々見られます。

疲弊して悪循環に陥らないように、行動量だけで補えるものなのかしっかり見極めるようにしましょう。

3 設計図を探す・つくる

本当にうまくいく人がとる行動は、3つ目のパターンです。

自分の理想に合った設計図を探すか、つくってしまいましょう。


3LDKの家がほしければ3LDKの設計図を手に入れることが大切です。

当たり前のことと思われるかもしれませんが、**このシンプルな事実に気づかず、ただ闇雲に動いてしまっている人は少なくありません。**

この罠から抜け出していきましょう。

ビジネスには設計図が必要！

自分の理想に合った設計図を手に入れよう

ここからはビジネスの設計図について解説します。
先ほどお話ししたように、家を建てるときには設計図があるのは当然ですよね。同じように経営にも設計図があるのです。
一例として、わたしが認定コーチとして所属している仕組み経営株式会社がクライアントに提供している経営の設計図と協会ビジネス構築の設計図をご紹介しましょう。

経営のしくみ化　設計図

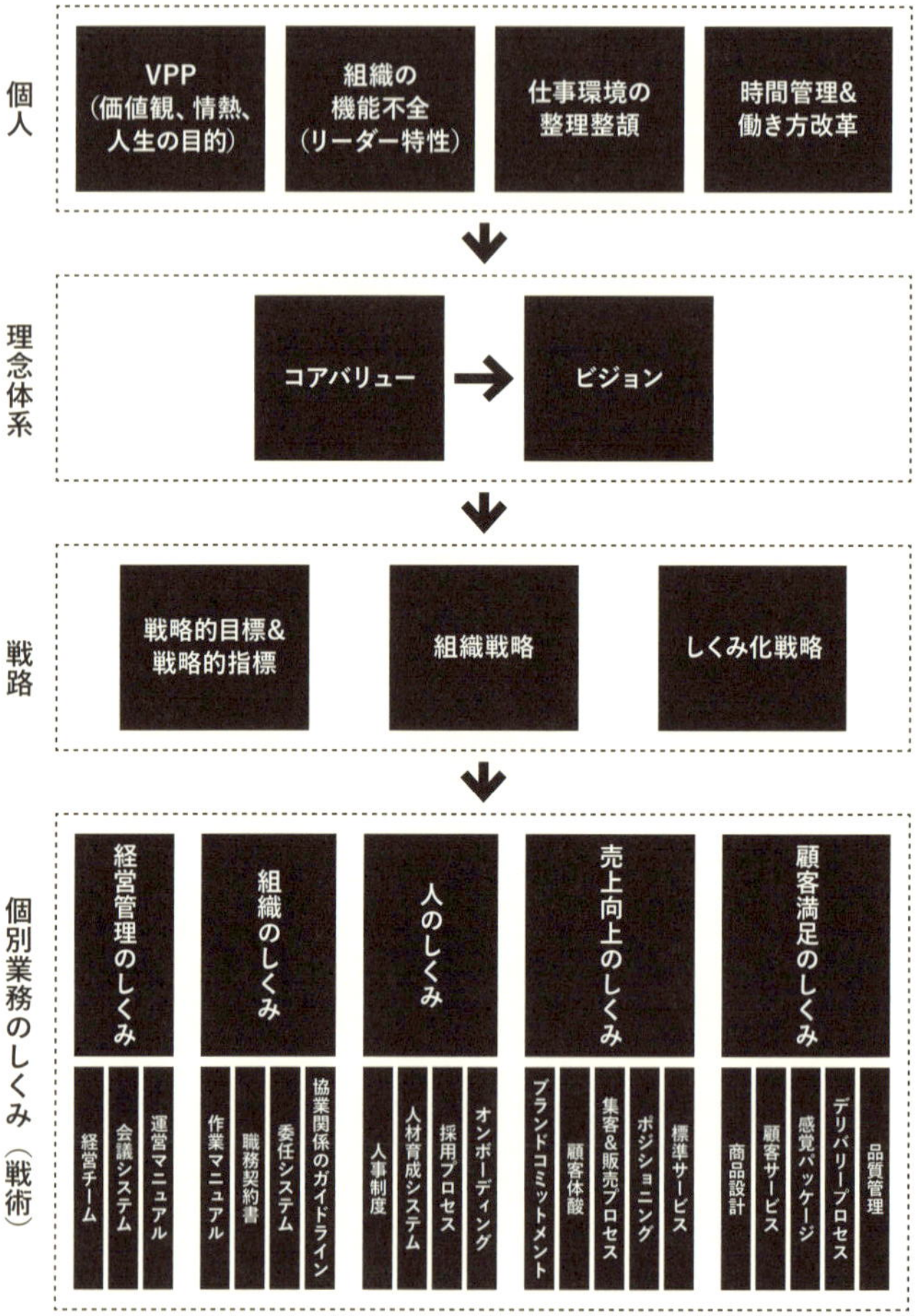
個人
VPP（価値観、情熱、人生の目的）
組織の機能不全（リーダー特性）
仕事環境の整理整頓
時間管理&働き方改革
理念体系
コアバリュー
ビジョン
戦略
戦略的目標&戦略的指標
組織戦略
しくみ化戦略
個別業務のしくみ（戦術）
経営管理のしくみ
運営マニュアル
会議システム
経営チーム
組織のしくみ
協業関係のガイドライン
委任システム
職務契約書
作業マニュアル
人のしくみ
オンボーディング
採用プロセス
人材育成システム
人事制度
売上向上のしくみ
標準サービス
ポジショニング
集客&販売プロセス
顧客体酸
ブランドコミットメント
顧客満足のしくみ
品質管理
デリバリープロセス
感覚パッケージ
顧客サービス
商品設計

協会ビジネス事業設計

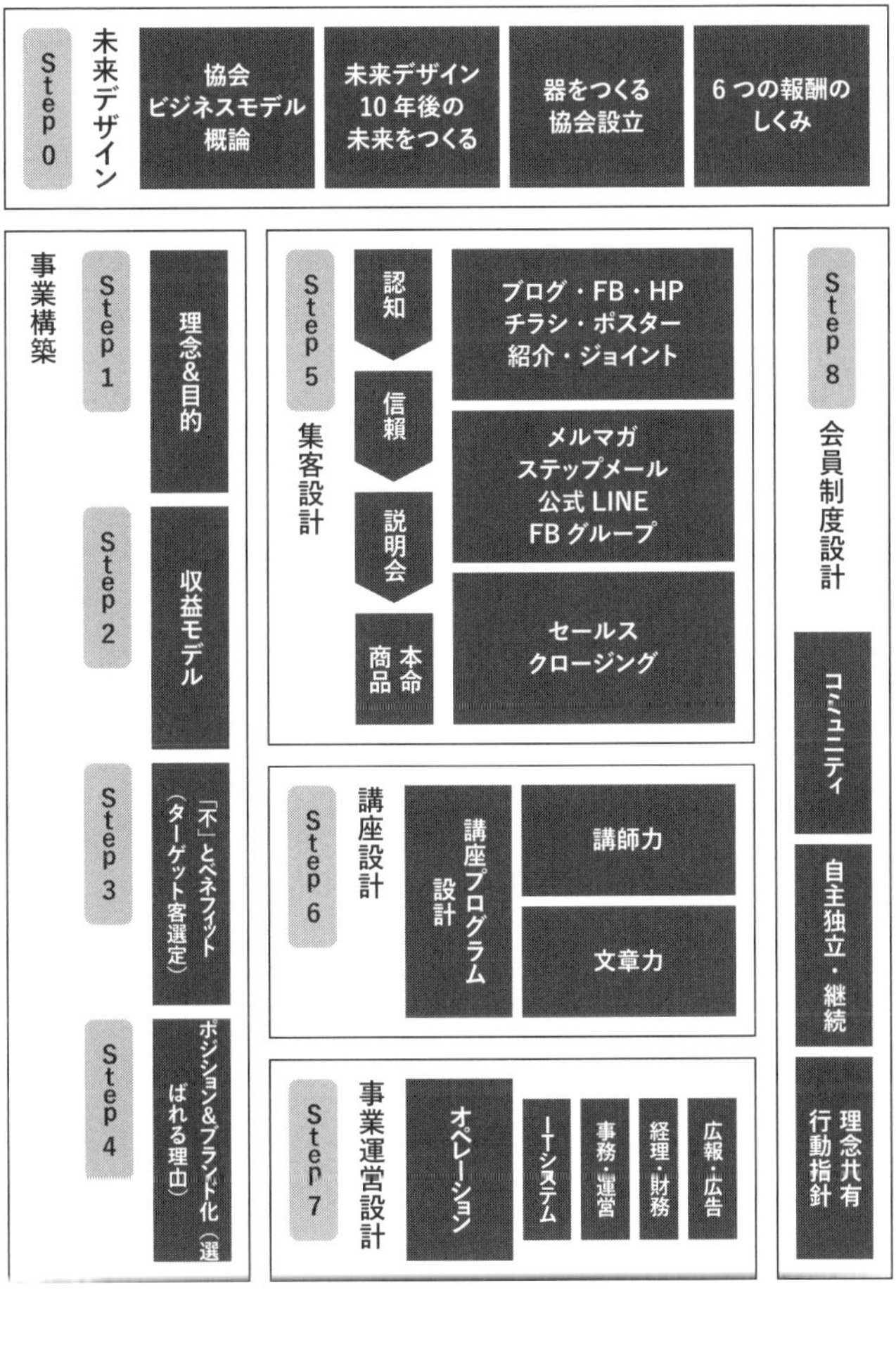
Step 0
未来デザイン
協会
ビジネスモデル
概論
未来デザイン
10年後の
未来をつくる
器をつくる
協会設立
6つの報酬の
しくみ
事業構築
Step 1
理念&目的
Step 2
収益モデル
Step 3
「不」とベネフィット
（ターゲット客選定）
Step 4
ポジション&ブランド化（選ばれる理由）
Step 5
集客設計
認知
信頼
説明会
本命
商品
ブログ・FB・HP
チラシ・ポスター
紹介・ジョイント
メルマガ
ステップメール
公式 LINE
FB グループ
セールス
クロージング
Step 6
講座設計
講座プログラム
設計
講師力
文章力
Step 7
事業運営設計
オペレーション
IT システム
事務・運営
経理・財務
広報・広告
Step 8
会員制度設計
コミュニティ
自主独立・継続
理念共有
行動指針

このように、経営には、全体を見据えた設計図が必要です。

設計図をつくらずに、とりあえず販売することだけに集中して取り組むと、売れたあとが大変になってしまいます。

「忙しくなりすぎて、お客様が来るのに事業を拡大できない」

「経営者への負担が大きくなりすぎて、続けられない」

このような事態を避けるためにも、自分の理想に合った設計図を手に入れましょう。

設計図をつくる流れを確認しよう

理想に合った設計図を作成する

経営のしくみ化を目指すための流れを、もう一度最初から確認していきましょう。
「年商が億を超える経営を目指す」と決めたら、まず、次のことから整えていきます。

- 魅力ある商品、サービスを持つ
- 戦わない戦略を立てる
- ビジネスの成長ごとの壁を理解しておく

その次に、理念にもとづいて軸を整えていきましょう。

・理念をつくると共感してくれる人が集まってくる
・共感される理念を浸透させる
・クライアント、スタッフから応援される
・メディア、コラボ先から応援される

さらに、魅力ある商品・サービスをつくります。

・高単価のサービスとしくみをつくる高単価商品をつくるアイデア
・問題解決↓継続不安の解消↓理想の人生の実現
・横展開、縦展開の商品フローをつくる
・リピートされる、高LTVモデルを考える

このとき、**理念が先か商品が先か、もしくは同時に着手するのかは、その方のビジネスの状況次第**です。

このポイントを押さえて、理想に合った設計図を完成させましょう。

あなたのしたいことは「成功するビジネスモデル」ですか？

ビジネスモデルの選定をしっかりと行う

売れる商品をすでに持っている人が、さらに成功するビジネスモデルをつくるには、いまのビジネスが、億単位の年商を超えるビジネスモデルなのかどうかを正しく見極めることが大切です。

- １億円を超えるビジネスモデルかどうか？
- 継続していくことができるビジネスモデルかどうか？
- 10年かけて成長する市場があるビジネスかどうか？

儲からないビジネスモデルでは、どれほど努力をしても億超え経営には至りません。

この見極めをしっかり考えましょう。


「お金を払ってでもサービスを受けたい」

「高単価でも利用したい」

という**クライアントのニーズがあるかどうかがわからないままビジネスを始めると、とても厳しい状況に陥るリスクがあります。**


ビジネスの設計を考える前に、悩んでいる人（クライアント）がいて、市場にニーズがあることをしっかりリサーチしましょう。

リサーチで押さえるべきポイントはココ！

業界のリサーチでは、5つのポイントを確認する

リサーチでは、業界全体を調べることも重要です。

たとえば、わたしが、アメリカの健康メソッドの普及を行ったときの流れを例に解説しましょう。

①業界でうまく行っているモデルがあるか？

・業界にはその当時「身体の痛みをとる方法はたくさんあったけれど、根本から解消する」ビジネスモデルはなかった

②「クライアントの不」と「業界の不」を確認する

・腰痛で困っている人、痛みで困っている人が常にいる（クライアントの不がある状態）

・治療しても痛みが何度も再発する、最後の解決策は手術（クライアントの不がある状態）

・病院や整体でも解決しきれず、施術家も困っている（業界の不・問題点がある）

③書店に行く・インターネット・SNSで検索する

・「根本から痛み解消」では該当のものが見当たらない

④検索で該当がないときは、次の2点までしっかり調査する

・「そもそもニーズ（不）がないのか？」

・「それとも、ニーズ（不）はあるのか？」

⑤海外の情報をとりに行く

・健康業界の場合、日本は海外と比べて情報が10年遅れているといわれているので、アメリカの情報をチェックするのはおすすめ

・本質的なことが研究されているヨーロッパの動きがわかると、より理想的

このように、時間と手間をかけて丁寧にリサーチを行いましょう。

とくに、**新しいものであるがゆえ、知られていないのか、お客様のニーズが少ないので情報が少ないのか、ということの見極めには細心の注意が必要**です。

「ほかにはないサービス」にビジネスチャンスがあるとは限らない

前の項目でも触れましたが、求める人がいないサービスは、たとえライバルが少なくてもビジネスになりません。

検索で出ない新しいサービスが、ブルーオーシャン（競合のいないひとり勝ちの市場）とは限らないので、短絡的に判断せず、いろいろな視点からビジネスチャンスかどうか確認しましょう。

ビジネスチャンスを広げるには、

「困っている人が多いのに、解決していないことは何か？」

「業界でまだ解消できていない問題は何か？」

という点に、日頃から目を光らせておくことが大切です。

ビジネスで成功する人は、この最初の段階を丁寧に進めているのでうまくいくのです。

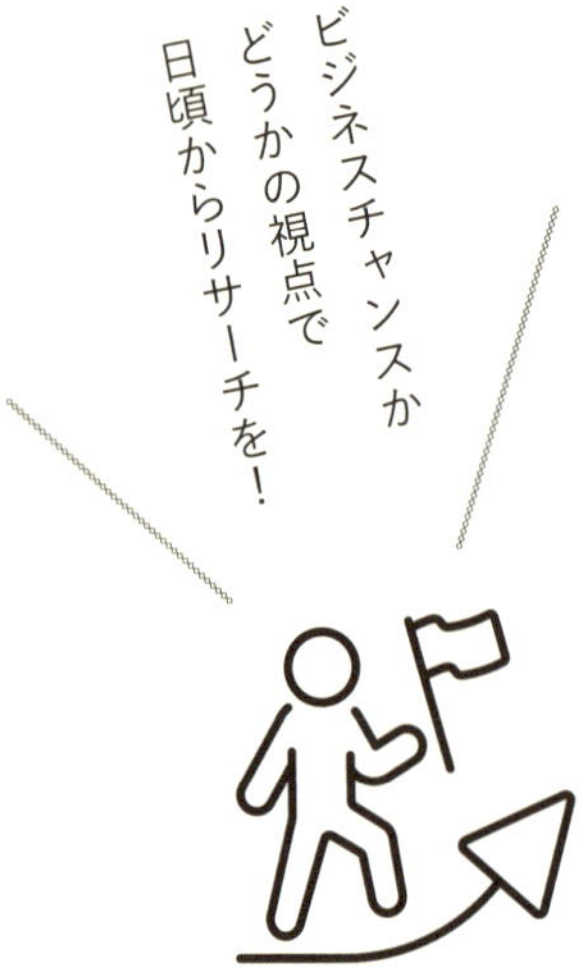
ビジネスチャンスか
どうかの視点で
日頃からリサーチを！

リサーチで大切な5つのポイント

- ☑ 業界でうまく行っているモデルがあるか
- ☑ 「クライアントの不」と「業界の不」を確認する
- ☑ 書店に行く、インターネット・SNSで検索する
- ☑ 検索で該当がないときは、そもそもニーズがないのか、ニーズはあるのか、までしっかり調査する
- ☑ 海外の情報をとりに行く

情報が少なかったときに見極める目も大事

成功するビジネスのポイントを押さえよう

これからの時流とあなたのビジネスは合っていますか？

業界を確認する際は、お客様のニーズだけでなく
「時流に合っているのか？」
「自社の強みが活かせるのか？」
といったポイントも考えておきましょう。

時流とは、流行をもう少し長い時間軸で見ることです。

流行は1～3年を指すのに対し、時流は5～10年（もしくは10年以上）を考えていき

ます。

日本の場合、健康業界は時流に合っているといえるでしょう。

なぜなら、これからますます少子高齢化が進み、高齢者が増えていくからです。

アメリカは、病院に行くととても高い治療費がかかるため、日頃から自分の健康維持に努めています。

現在、日本の治療費はアメリカほど高くはありませんが、このまま少子高齢化が進んでいくと日本の保険制度は崩壊し始め、「健康維持」のニーズが高まっていくと予想できるのです。

自分の強みを活かせることをしよう

ただし、時流に合わせすぎても会社のエネルギーは下がってしまいます。

たとえば、

「時流に合っているから健康業界への参入を始めよう」

「儲かるからやってみよう」

と考えたとしても、自分が苦手なことや意欲のわかないものは続きません。

億を超えるための経営のしくみ化は、ただ一時的に売上を上げるというものではありません。

売上が上がったら、その売上を維持し、右肩上がりに成長していくことを目的としたビジネスモデルです。

ですから、**自分（自社）の強みがビジネスに合っているかをしっかり確認しましょう。**

ビジネスの設計をする際は、いかに継続させるかがとても重要な要素だからです。

商品には魅力的なコンセプトをつくろう

伝わりやすい商品やサービスコンセプトを考える

魅力あるサービスには、魅力のあるコンセプトが必要です。

コンセプトと聞くと難しく感じてしまう人もいるかもしれませんが、コンセプトとは、あなたのサービスの価値をひと言で端的に伝えることです。

①どんなことで悩んでいる（望んでいる）人が
②どうなれる
③どんな商品なのか

といったことが「ぱっ!」とイメージできるよう、言葉にしてください。
たとえば、わたしのダイエットプログラムでは次のようなコンセプトをつくりました。

①50代以降のやせにくくなった女性のための
②食事制限や厳しいトレーニングをしないで、無理せずがんばらずにみるみるやせる
③和のダイエットプログラム

このように、**クライアントの興味を引く情報を入れてコンセプトをつくると、商品の魅力が伝わりやすくなります**よ。

また、作成したコンセプトは、次のポイントを踏まえてさらにブラッシュアップさせましょう。

・どのクライアントの、どのような悩みを解決する（願いの実現をする）のか？
・特徴、独自性は何か？
・どうなれるのか？
・どのような商品・サービスを提供するのか？

言葉でイメージを伝えるには、短くわかりやすい言葉にすることが大切です。

魅力的なコンセプトができると、商品の魅力はさらに増して素敵なものに見えるようになります。

ぜひ、コンセプトを上手に打ち出していきましょう。

☑ 同業他社と戦わないことで仲間を増やせる

業界のお困り事を解決しよう

商品軸を見つけていくとき、リサーチは大切です。

市場と時流と目的を見極められるように、常にアンテナを張っておきましょう。

わたしの尊敬する、広島の大企業の経営者から教わった重要なポイントは、

「業界の困っているところの解決をしてあげたらビジネスは成功するし、大きなお金が動く」

という考え方です。

たとえば、健康市場の場合も、クライアントが何に困っているのかを探します。

もしアトピーに困っている人が多ければ、ほかの人が行っていない方法でアトピーを改善できるものをつくりましょう。

よりよい商品が生まれると、結果的にクライアントが喜び、業界の喜びにもつながります。そのうえ、自分の会社の喜びにもつながるのです。

このようなビジネスをつくれたらいいと思いませんか？

戦わないことで仲間が増えていく

近江商人の成功の秘訣といわれる「三方よし」は、売り手よし・買い手よし・世間よしという考え方です。

同じように、わたしは業界の同業他社がライバルにならないようなポジションをとることを大切にしています。

ライバルにならないポジションとは、業界の同業他社をサポートする立ち位置です。

たとえば、治療業界にはライバルが山のようにいます。
このときに考えられる戦略は2つあります。

1　ライバルがしていないことをする
2　ライバルのお困り事を解消する、ライバルの先生になるポジションを狙う

このどちらかです。

業界の人たちのお悩み事を解決し、救ってあげることができたら、喜んでもらえますし、その後「何か一緒にしたい」というビジネスパートナーになってくれるかもしれません。

戦わない戦略は、仲間を増やし、豊かに成功していくカギなのです。

ビジネスの成長ステージで自分の立ち位置を確認しよう

職人と起業家は違う役割を持っている

会社の成長にはステージがあるのですが、意外にも、このことを知らない日本人は大勢います。

【会社の成長ステージ】
1　幼年期：職人的人格が前面に出ている
2　青年期：マネージャー的人格が求められる
3　成熟期：起業家としての人格が必要になる

日本人のビジネスの多くは、立ち上げてから自分ができることを提供し、人に教えるところから始まります。そのため、幼年期の職人の資質、いわゆる専門家の資質が前面に出てしまいやすいのです。

幼年期・青年期の経営者は忙しさから抜け出せない

あるカリスマ美容師の方から聞いた話を、ご紹介しましょう。

その人が「美容業界で成功しよう」と最初にしたことは、カリスマ美容師になることだったそうです。

ところが、自分がカリスマ美容師になると、ずっと美容師の仕事をし続けなければいけないビジネスモデルになってしまうため、成長ステージを引き上げる必要がありました。

次のステージでは、マネージャー的な役割を担うことになります。

ここではカリスマ美容師を育てる人になることを目指します。

けれども、カリスマ美容師を育てられるようになると、今度は育ったカリスマ美容師が独立してしまうことが続き、育成をし続けなくてはいけなくなってしまいました。

「これは、自分が求めている結果と違う」

と軌道修正をはかり、最終的に、カリスマ美容師のスキルがある美容室をつくると意識を変えたことでうまくいくようになったそうです。

×　自分がカリスマ美容師になる（幼年期：職人的人格）
×　カリスマ美容師を育てる（青年期：マネージャー的人格）
◎　カリスマ美容師のスキルがある美容室をつくる（成熟期：起業家としての人格）

職人になること、職人を育てるマネージャーになること、起業家の視点を持つことはこれほど意識が違うものなのです。

役職は経営者であっても、職人意識が拭えない人は少なくありません。

ぜひ一度、自分がどの位置にいるのか振り返ってみましょう。

マーケティングに頼らないビジネスもある

幼年期・青年期の壁を越えよう

日本は、技術大国といわれていたほど、職人気質の強い国です。

そのためか、これまで大勢の経営者にお会いしていますが、幼年期の段階の人が多い傾向があります。

経営がうまくいっている方であっても、青年期で止まっていて、成熟期に入っている方はほんのひと握りです。

その大きな理由のひとつは、**まわりに成熟期の人がいないので幼年期と青年期の超え方を知らないから**でしょう。

このステージの超え方を知っていると、経営スタイルが大きく変わりますよ。

紹介とリピートをしくみ化する

先ほどお伝えした「カリスマ美容師のスキルがある美容室」は東京の一等地にあるビルの一室で美容室を開いています。

そのお店はメディア取材を受けず、看板も設けず、ホームページもありません。

でも、完全予約制で数ヵ月先まで予約が埋まっているそうです。

一般的な美容室とまったく異なる運営方法で成功していることに、驚く人も多いのではないでしょうか。

なぜ、メディアの取材を受けないのかというと、

「取材を受けると理念と合わないお客様が集まってきてしまうリスクが増え、いまいる大切なお客様が、予約を取りにくくなるから」

という理由でした。

想いに共感してくれるお客様を大切にすることが、リピートや紹介を生み、ビジネスの成功にもつながっていきます。

また、**良質なお客様のまわりに理想の見込み客がいるので、紹介でいいお客様を増やしていくことに力を入れていれば、メディア広告も不要になる**のです。

そのほかにも、九州の治療院で、同じようなビジネスモデルの経営者が大成功しています。

この治療院は、ローカル線の駅から車で10分ほどの田んぼの真ん中にあり、看板も、ホームページもありません。それでも、全国から泊まりがけで通っている人が多数いて、2ヵ月先まで予約が取れない大人気店です。

このようにリピートや紹介につながる設計図をつくり、しくみ化することが、業界にかかわらず成功のカギなのです。

第１ステージ　幼年期

幼年期のビジネスは、
経営者（職人）型ビジネス

自分がいなくなれば、
ビジネスは消滅してしまう

「何かを変えなければならない」と
気づいたときに、青年期に移行する

第２ステージ　青年期

すべての経営者には、
次の４つの選択肢が与えられている

1. もう一度小さくなる
2. 倒産する
3. がんばり続ける
4. ビジネスを成熟させる

経営者がしくみ化を学び、
自分の時間の使い方の優先順位を
変えようとすることで、
ビジネスが成熟する

第３ステージ　成熟期

成熟期では
新しい視点で経営することが
求められる

現在ではなく、
将来に目を向けることがポイント

ビジネスの各パーツではなく、
全体としてどのように
運営されているかに焦点を当てる

３つの成長ステージから、
自分がどの立ち位置か確認しよう

☑理念＋ストーリーが共感を呼ぶ

共感される理念を持っていますか？

しくみを実行する際に欠かせないものが、共感される理念です。

共感される理念とはどのようなものか、わたしが以前、アメリカ発の健康メソッドを広げているときに掲げていた理念を例にお話ししましょう。

このとき掲げていた理念は、「身体の痛みで悩んでいる人を日本中からなくす」です。

身体の痛みをとる技術があったとしても、技術だけでは、痛みで困っている人や関係者だけにしか広がりません。けれども、**ここに理念とストーリーがあると、まわりか**

らの応援が入り、大きく広がっていきやすくなるのです。

あなたのまわりにも、身体の痛みで困っている人は、多いのではないでしょうか？

現在の日本には、病院も治療院もたくさんあるのに、痛みで悩んでいる人は年々増えています。なぜ、痛みを抱えている人が増えているのかというと、日本の治療は痛みをとることに焦点を当てていて、「痛みの根本から治す」という発想やメソッドがほとんどないからです。

わたし自身、若い頃は痛みに苦しみたくさんの治療を受けてきました。

一時的に治ってもすぐにまた痛みが出るためあらゆる方法を試したのですが、アメリカで見つけた「身体の痛みを根本から治す治療方法」で救われました。

その感動をきっかけに、アメリカの治療方法を日本に広げる活動をしています。

いかがでしょう？

理念にストーリーが加わることで、共感される理念ができ、あなたの想いに共感してくれるお客様やスタッフが集まってくるようになりますよ。

第3章

自走する組織をつくるには？

いつまでもひとりでは走り続けられない

人気になりすぎてビジネスがまわらなくなる「あるある」

売上が継続的に上がり、広がるためのしくみづくりがうまくいったときにぶつかる壁があります。

それは、人気になりすぎたことによって、経営者自身が手一杯になってしまうことです。

お客様からの要望はあるのに対応できずお待ちいただく状態は、心苦しいですし、せっかくのビジネスチャンスを逃してしまいます。

新規の受け入れ体制が整えられたら、売上はすぐに増えるでしょう。

とてももったいない話ですが、このようなケースは「あるある」です。

現状はパワーで乗り切っている人たちも多いのですが、いつまでもそのまま走り続けることは難しいでしょう。

体力的にも精神的にも危機感を持っている経営者は、少なくありません。

このような人たちは、すでによい商品やサービスを持っている状態です。

もしかすると、理念やあり方も整っているので、人が集まっているのかもしれません。

次に、経営者の働き方を変えるには、「人とのつながり」方を見直すことです。

お客様だけでなく、スタッフとの関わり方を変えることで、会社はより大きく発展していきますよ。

会社は人とのつながりで拡大していく

人を大切にすることで会社を大きくしていこう

左ページの図は、わたしが考える、商品やビジネスの広がりを図にしたものです。

この図は、一番内側の「ノウハウ・技術・よい商品・サービス」は、「理念体系・あり方」を通じて、「人とのつながり」へ影響を与えていくということをあらわしています。

ノウハウや技術、よい商品、サービスで得られるものは、効果効能のレベルです。

機能的な価値はなくてはならないものなのですが、広がりには限りがあります。

ところがこれに、理念体系やあり方といった、人の想いが乗ってくると、広がり方がパワーアップします。

そして、理念体系やあり方を持っている人に、人のつながりが乗ると、さらに輪が大きくなっていくのです。

人は想いで動く生き物ですから、

「これがすごい！」

「この商品がおすすめです」

というように、勢いだけで広めていくことには限界があります。

商品やビジネスの広がり方

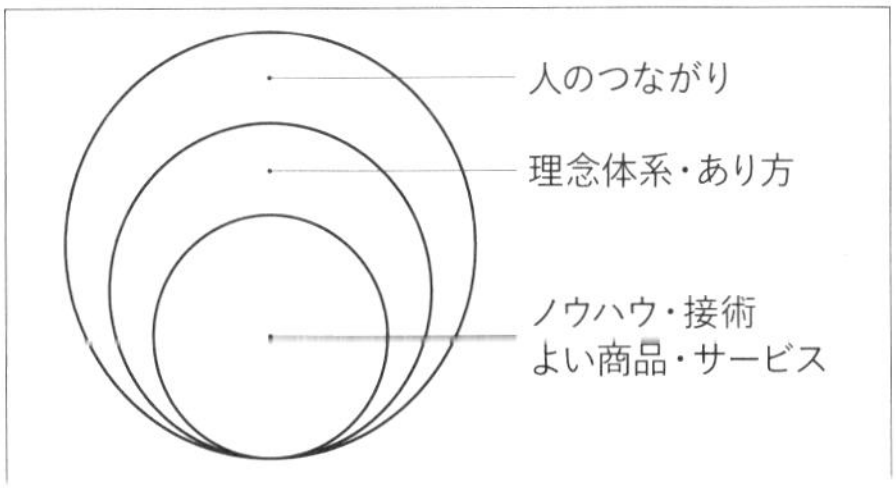

理念を通じて経営者の想いを伝えることで、お客様が集まりやすくなりますし、スタッフやビジネスパートナーも同じ想いで動いてくれるようになるのです。

よりよい商品やサービスをつくることだけでなく、人を大切にすることでビジネスを大きくしていきましょう。

人が働きたくなる環境をつくろう

仕事に必要な8つの報酬を満たす

組織で動くとき、一番肝になるのはスタッフの育成です。

育成には、スタッフがやる気を持って自立していくために必要なことをきちんと理解し、それに向けて取り組むことがカギとなります。

1　お金

一般的に、仕事には6つの報酬があるといわれています。

2　ポジション
3　やりがい
4　スキルアップ
5　仲間
6　人間力のアップ

しかし、わたしが尊敬する経営者は、これからは6つの報酬だけでは人が動かない時代になっていくと提唱しています。

今後、必要とされる報酬は大きく2つあります。

7　健康
8　応援

この2つの報酬を加えた、「8つの報酬」を満たすことで、やる気のある自立したスタッフが、長く続けてくれる組織になるでしょう。

人はお金以外の動機で働いている

人は、最終的にお金以外の要素で動くものです。

やりがい、スキルアップ、仲間、そして人間力のアップ、これらが得られるかどうかが大切です。

また、**スタッフの健康環境を考えたり、応援力がある環境をつくったりしている会社に、人が集まっていく**でしょう。

わたし自身、所属しているコミュニティで応援し合う文化があり、応援の力で大きな成果が生まれることも経験してきました。

さらに、クライアントからも応援される会社になれたら最高です。

「この会社はいい会社だから応援しよう」

と思ってもらえるようなサービスを提供し、理念を共有していきましょう。

このような企業が、日本に増えることを願っています。

理念に共感してくれる相手とコラボする

お金より理念で見極めることがトラブルを防ぐ秘訣！

ほかの企業とコラボするときに気をつけることとは、理念と想いを共感できる相手かどうかを見極めることです。

お金や効果・効能などを軸にしてコラボを組もうとする人も大勢いますが、あまりうまくはいっていないようです。

コラボをする際は、まず想いに共感できて、人間性が優れている相手であるかどうかを確認しましょう。

お金や、効果などを期待して組む場合は、どうしても打算が入ってしまいがちです。何か起きたときに損得で動くので、大きなトラブルにもなりかねません。
そういった**リスクを避けるためにも、マインドの部分を重視することが大切**なのです。

・お互いの理念や想いに共感できるか
・相手が素直で信頼できるか
・柔軟性のある人かどうか

このようなポイントをチェックしましょう。

自分自身を整えて、共感し合える仲間を見つけてください。
お互いに応援し合う関係を築けると、コラボはどんどんビジネスを拡大してくれるでしょう。

理想の組織の実現を目指していく

晩年も健康で豊かな経営者を増やしたい

これまでたくさんの経営者とお会いして、晩年になってから体調を崩してしまう姿をたくさん見てきました。

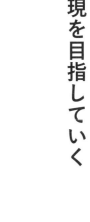

元々健康業界にいたこともあり、誰かのしあわせのために懸命に働いてきた人たちには、健康に不安のない状態で過ごしてほしいという想いで日々活動をしています。

また、わたし自身もサラリーマン時代に忙しい会社に勤め、売上を上げるために一生懸命働き、苦労の末に数字が上がるようになり、次は最年少の支店長というタイミングで、ついに身体を壊しました。

その結果サラリーマンを辞めて独立したのでいまとなってはよかったのですが、身体を壊さなくていいのであれば、それに越したことはありませんよね。

70代で痛みを抱え、改善するためにわたしの元を訪れた経営者の方々からお話を伺うと、皆さん一様に
「40~50代から体調不良の兆候が出ていた」

と言います。会社のため、売上のため、お客様のため、スタッフのため、家族のためと必死にがんばり、自分の身体のことは横に置いて働いてきたからこそ、経営者として成功しているのです。

このような生き方ができることは素晴らしいと思うのですが、70代になって体調を崩し、苦労されている方の姿を見ていると胸が締めつけられます。

ぜひ次の世代の人たちには、しくみ化という別の選択肢もあることを知ってほしいのです。

がんばって乗り越えるのではなく、うまくいくしくみをつくる

晩年に体調を崩される経営者さんには、ある共通点があります。
それは、ひとりでがんばりすぎてしまう点です。

ひとりでがんばって乗り越えるばかりではなく、「うまくいくしくみを構築する」という選択肢を持っておきましょう。

何を幸福と思うかは人それぞれですが、人生の幸福度を高めるために、自分の理想をイメージしてみてください。

- ・しあわせであるためにどうしたらいいのか？
- ・健康でしあわせであるためにどうしたらいいのか？
- ・どのような会社であったらいいのか？
- ・どのようなビジネスであったらいいのか？
- ・どのような人生であったらいいのか？

さまざまな角度から自分の幸福を考え、それが実現できるしくみをつくりましょう。

うまくいくしくみとは、経営者ひとりだけが努力するのではなく、人を育てていく学習プログラムをつくることです。

いいしくみができれば、社内だけでなく、次世代につながる学習プログラムにも発展していくはずです。

時間を上手に使い、健康であり続けるように時間の使い方を工夫しましょう。

自分の身体を整えるための時間、何もしない時間をつくるには、どのような設計が必要なのかを考えてみてください。

本書では、第6章でわたしがおすすめしている月イチ旅の方法もご紹介していきます。

自走型の組織を目指そう

起業家の３つのタイプを知ろう

自走型の組織を目指すには、まず最初に経営者自身の３タイプを知るところから始めましょう。

３タイプとは、専門家（職人）、管理者（マネージャー）、起業家という３つのことです。じつは、日本の経営者の多くは職人タイプなのですが、皆さん自分が職人であることに自覚がないケースがほとんどです。

あなたはどのタイプなのか、次の質問でチェックしてみましょう。

あなたの好きなことは、次の3つのうちどれでしょうか？
直感でひとつ選んでください。

1　アイデアを考える
2　計画を立てきちんと実行する
3　手や身体を動かして人に喜んでもらう

いかがでしたでしょうか？
どれを選んだかによって、次のように分けることができます。

1を選んだ人：　起業家タイプ
2を選んだ人：　管理者（マネージャー）タイプ
3を選んだ人：　専門家（職人）タイプ

３つのタイプに分けることで、人によって得意な分野が違うということがわかりますね。

ちなみに、わたしがお会いしてきた、**成功している超一流の経営者の方々は、誰もが３つの資質を持っていて、バランスよく活用されていました。**

社長に求められる３つの人格

社長に求められる人格は、次の３つといわれています。

起業家タイプ：将来を見据えたビジネスのアイデア、ビジョンを描く
マネージャータイプ：ビジネスを計画し、しくみを導入し、秩序をもたらす
職人タイプ：手や身体を動かして人に喜んでもらう。目の前の仕事を終わらせる

たとえば、大工の棟梁は職人をまとめる立場であっても、職人です。

ところが、経営者が大工の棟梁として働いてしまっているケースは少なくありません。多くの企業は、経営者がほとんどの時間を職人的人格で過ごしているため、ビジネスを拡大することができないのです…。

組織の拡大を目指すなら、経営者は視点を大きく変えていかなければいけません。

そして、成功する経営者を目指すのであれば、起業家・マネージャー・職人という3つの人格をすべて持ち合わせていることが理想です。

どの人格を強く発揮するかは別として、3つの資質を持っていることが大切なのです。

自分のタイプを知ったからといって、
「わたしは起業家だからこれは苦手。あなたに任せるわ」
と丸投げするのはNGです。
経営者がこのような行動をとると、いずれ組織が崩壊してしまうので注意してくださいね。

経営者は全体を見る役割を持っている

３つのタイプにはそれぞれ視点に特徴があります。

・起業家タイプは全体を見る
・マネージャータイプは枠のなかを見る
・職人タイプは目の前を見る

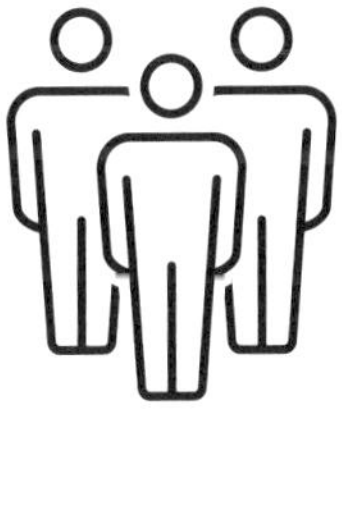

起業家タイプの人は、マネージャーや職人が働きやすいように環境を整えてあげることができます。

マネージャータイプの人は、職人が働きやすいように、具体的なサポートをしていくことが得意です。

職人タイプの人は、目の前の人が喜んでくれるように自分のスキルを最大限発揮することができます。そして、自分のレベルをどんどん上げて、まわりの人にも共有し、組織全体をレベルアップさせていくことも、仕事のひとつです。

経営者は、全体をきちんと見据える起業家の立ち位置を目指しましょう。

このとき、自分が職人として働きすぎたり、反対にスタッフに丸投げしたりするのはやめましょう。

経営者には全体を見て人に任せていくこと、それぞれの立場に立って考えることが求められるのです。

経営者３タイプの視点の違い

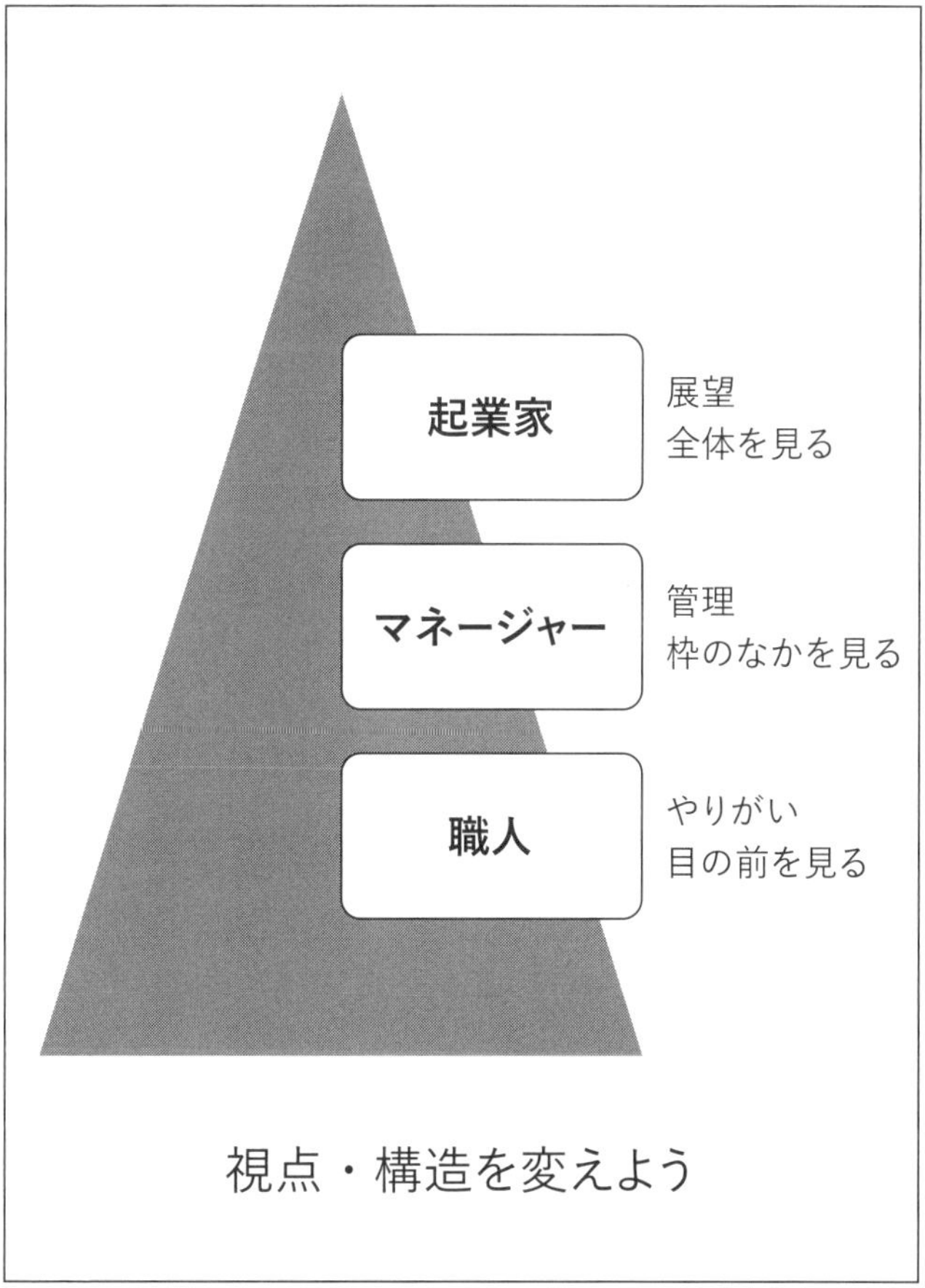

☑ 現場に任せることで自走型組織が育つ

つい自分で動いていませんか?

近年、「自走型の組織をつくりたい」というお問い合わせが増えています。
でも、日本の経営者はときには会社のトップとして、ときには会社の歯車のひとつとして働いているケースが多々あります。

自走型の組織をつくるのであれば、自分がいなくてもよくなる経営のしくみをつくり、マネジメントができる人に任せましょう。

現場から適度な距離を保つことで、組織は自走型になっていくのです。

自走型組織をつくるには職人思考から脱却しよう

成功する経営者は3つの資質のバランスをとっている

自分に足りない資質は組織をつくって補う

これまで多くの経営者とお会いしてきましたが、3つの資質をバランスよく持っている人はごくわずかです。

そして、持っていない資質を手に入れようとすることは時間と労力を要します。

そのため、わたしは経営者の方に、**自分に持っていない資質は、組織をつくって補ってもらいましょう**と提案しています。

外注先を含めて、バランスのよいチームをつくることが大切なのです。

もしあなたが職人タイプであれば、マネージャータイプの人の手を借りて組織をつくり、自分の役割を補えるようにしましょう。

たとえば、オンラインビジネスで優良なコンテンツを多数持っている職人タイプの経営者さんの場合、マーケティング・事務局・統括をそれぞれ外注しながら自分の組織をつくっています。

集客はマーケティングの強いところに、事務局は管理のプロフェッショナルに、さらに全体を統括する部門も外注で依頼しているそうです。

それぞれの担当者と理念を共有し、コミュニケーションをとり、自走型の組織をうまくまわしています。

これからの時代は、ひとりですべてを担う必要はありません。

必要な資質を補う組織をつくり、バランスよくビジネスを拡大していきましょう。

億超えビジネスを10年以上継続するためのしくみづくり

10年継続するにはしくみが必要

1章でご紹介した、成功するビジネスに必要な3つのカギをここでもう一度おさらいしましょう。

1　売れる、継続されるしくみ
2　共感される理念
3　組織

組織をつくるには、「売れる、売れ続けるしくみ」と「共感される理念」も必要です。

そして、この3つはどれも一朝一夕でできるものではありません。

長い時間をかけて磨くつもりで設計図を描きましょう。

わたしのコンサルでは、次のようなロードマップをお伝えしています。

これは、年商1億円超えを10年以上継続するために必要なことを書き出したロードマップです。

1章の3つのカギでご紹介したように、

- 売れる、売れ続けるしくみをつくること
- 共感される理念をつくること

が土台になっています。


自走する組織をつくりながら、しくみと理念もブラッシュアップしていきましょう。

とくに、多くの企業は売れる商品があっても、売れ続けるしくみがないことが少な

10年継続のしくみ ロードマップ

PDCAをまわすしくみをつくる

- ミーティングの定例化
- 「質問」項目の定例化
- 目的、目標の共有など
- STPD導入

組織をつくる

- 理念に帰属させる
- 組織図
- 役割・基準
- 感情の可視化
- 8つの報酬

お客様満足のしくみをつくる

- 商品設計
- リピート設計
- カウンセリング設計
- 感情の可視化

共感される理念体系をつくる

- ミッション
- ビジョン
- コアバリュー

売れる、売れ続けるしくみをつくる

- 商品設計
- 販売設計
- ポジショニング
- マーケティング設計
- 望む未来を描く
- 時間を整える
- あり方を整える

くありません。そのため、**スタッフも売ることに意識が集まり、経営者の思うようには育っていかない**のです。

たとえば、治療院や理美容院の場合、お客様はお店に定期的に通いますが、次の予約までしか予定に入れない方がほとんどです。もし予約されずに退店された場合、次回はお客様自身の予約したいタイミングが来るまで待ち続けなければいけません。

治療院であれば、長期に渡って通院していたクライアントでも、症状が治ったとたん来なくなってしまうケースは多々あります。

また、急に来なくなり、理由がよくわからないというケースも少なくありません。

これは理美容や健康系の経営者が抱えるお悩みとして、「あるある」でしょう。

複数店舗を経営している経営者であっても、同じような悩みを抱えています。

このようなお悩みをなくすには、販売設計とリピート設計が重要です。

設計図をきちんとつくり、理念が明確になると、スタッフも次第に自分の考えで動けるようになっていくのです。

会社も自分も土台を整えることから始めよう

四方よしのポジショニングをとる

意外と抜けてしまいやすい要素がポジショニングです。

先ほどのロードマップの、一番下に入っています。

ポジショニングと聞くと、多くの人がナンバーワンを目指して、同業他社と戦おうとするものです。

しかし、わたしがお伝えしているのは、同業他社をサポートするポジションです。

誰とも争わないオンリーワンのポジションで、「売り手よし・買い手よし・世間よし・業界よし」の四方よしを目指しましょう。

土台がおろそかになっていませんか？

経営者は、会社も自分自身も土台を整えることが大切です。

・とりたいポジションを設定しているのか
・ゴール設定がきちんとできているのか
・商品設計、リピート設計ができているか
・支えるしくみができているか
・時間を整えたり、あり方を整えたりしているのか

相談を受けていると、この5つが抜けてしまっていることが多々あります。

まず、売れるしくみ・売り続けるしくみの土台を整え、その上に共感する理念・しくみ・組織などを順番に積み上げていきましょう。

組織は経営者ではなく理念に帰属させよう

理念に沿って自走する組織をつくろう

売れるしくみをうまく運営するには、組織づくりが欠かせません。

組織づくりのポイントは、ただ優秀な人を集めるだけではなく、理念に共感して動いてくれる人を集めることです。

近頃は多様性の時代になったことで、

「会社の理念に帰属する組織は時代遅れだ」

「個人の価値観があり、自己実現のために会社がある」

という話も聞くようになりましたが、これは成熟した組織でなければ実現できない難しいモデルです。

現在の日本社会では、会社の理念に帰属させるところからアプローチして、会社だけでなく個人の実現にもつなげていくほうが、まだ受け入れられやすいのでしょう。

経営者がいなくてもまわる組織には理念が不可欠

組織をつくるときは、経営者に帰属するより理念に帰属してもらうほうが理想的です。そのほうが、経営者が抜けても組織がまわり、自走しやすいからです。

ロードマップをつくる際に、現在の組織がどのような状態なのか、理念が組織にどう影響しているのかを丁寧に確認してください。

そして、問題点を整理していきながら、新しい組織のしくみをつくっていきましょう。

自走する組織をつくるしくみとは？

悪いところばかり探さないようにしよう

自走する組織は、自分たちでＰＤＣＡをまわすという考え方がありましたが、近年はＰＤＣＡではない方法を取り入れている企業が増えてきました。

ＰＤＣＡ（Ｐｌａｎ－ＤＯ－Ｃｈｅｃｋ－Ａｃｔｉｏｎ）は、計画のあとに、行動、確認、そして改善をします。

しかし、**日本人の脳は「何かを確認し、改善する」と聞くと、「改善する悪いところを探す」と受け取る傾向がある**ので、脳科学的にマイナスにフォーカスしてしまいやすいのです。

また、すぐに反省モードに入ってしまうため、現状を正しく見ることも難しくなってしまうでしょう。

そのため、現在は新しい方法が取り入れられるようになってきています。

計画の前に観察から始めよう

２章でご紹介したキリンビール元代表取締役副社長の田村潤さんも、『負けグセ社員たちを「戦う集団」に変えるたった１つの方法』（ＰＨＰ研究所）のなかでＰＤＣＡの限界について書かれていました。

田村さんによると、日本の現場には基本的にＰｌａｎありきのＰｌａｎ－ＤＯ－Ｃｈｅｃｋなので、現場ではプランを立てるアイデアが不足しているのだそうです。

そのため、田村さんは自走する組織にはＳＴＰＤを提唱されています。

ＳＴＰＤとは、「Ｓｅｅ－Ｔｈｉｎｋ－Ｐｌａｎ－Ｄｏ」の略で、富士フイルムホールディングスの古森重隆代表取締役会長兼ＣＥＯがＰＤＣＡサイクルの問題点を見直して改良したものです。

これは、計画（Ｐ）の前段階の現状認識を重要視してつくられています。

・See（観察）
・Think（情勢判断）
・Plan（意思決定）
・Do（行動）

最初に情報を収集して観察し、情勢判断を行い、意思決定をして、行動に移していくのです。

この方法には、顧客目線を徹底することの大切さが含まれています。

PDCAは最初にプランから入りますが、プランをつくるには、さまざまな状況の観察が必要なのです。マーケティングでいわれるリサーチですね。

お客様に直接ヒアリングなどをしてニーズを探りましょう。

組織の運営も時代に合わせて柔軟に変えていこう

うまくいっている事例を参考にするという方法では、新しいものに挑戦できなくなってしまいます。いま人気のあるものではなく、相手が本当に望んでいるものは何かをきちんと知ることで、潜在的なニーズを掘り起こせるようになりましょう。

また、近年はOODAという考え方も紹介されています。

これは、Ｏｂｓｅｒｖｅ（見る・観察）・Ｏｒｉｃｎｔ（わかる・状況把握）・Ｄｅｃｉｄｅ（決める・意思決定）・Ａｃｔ（動く・行動）という４つのサイクルです。

ひとつの方法に縛られすぎず、時代に合わせて組織の運営の仕方も柔軟に変えられると一番理想的ですね。

☑ ロードマップで会社全体の状態が俯瞰できる

ロードマップの要素は複数同時に取り組んでいく

ロードマップは階段のようになっていますが、ひとつずつ順番に取り組んでいくものではありません。

会社によって状況は変わります。

それぞれの項目に同時に取り組み、実施できているかどうかを確認しながら進めていきましょう。

取り組む優先順位を考えよう

ロードマップは、全体像を把握して、会社が抱えている問題点の見える化をするために活用しましょう。

問題点が明確になったら、どこから取り組むのか優先順位を考えていきます。

・すぐに解決できることは何なのか
・時間がかかるけれど取り組んでいく必要があることは何なのか

ここを明確にして、3ヵ月、6ヵ月…と期間を設けて取り組んでいきましょう。

その結果、数ヵ月後、もしくは数年後に見たときに会社の状態が整って、グレードが上がっていく過程も目に見えるようになりますよ。

会社も組織も、短期的に何かをつくって終わりではありません。

継続的に成長していく土台を1年目につくり、2年目、3年目とレベルアップしていくのです。

実際わたしのコンサルでは、この方法で多くの組織が自走できるようになり、経営者の時間の使い方も大きく変化し、会社の売上も伸びています。

ぜひロードマップをつくり、会社を成長させていきましょう。

10年継続のしくみロードマップ

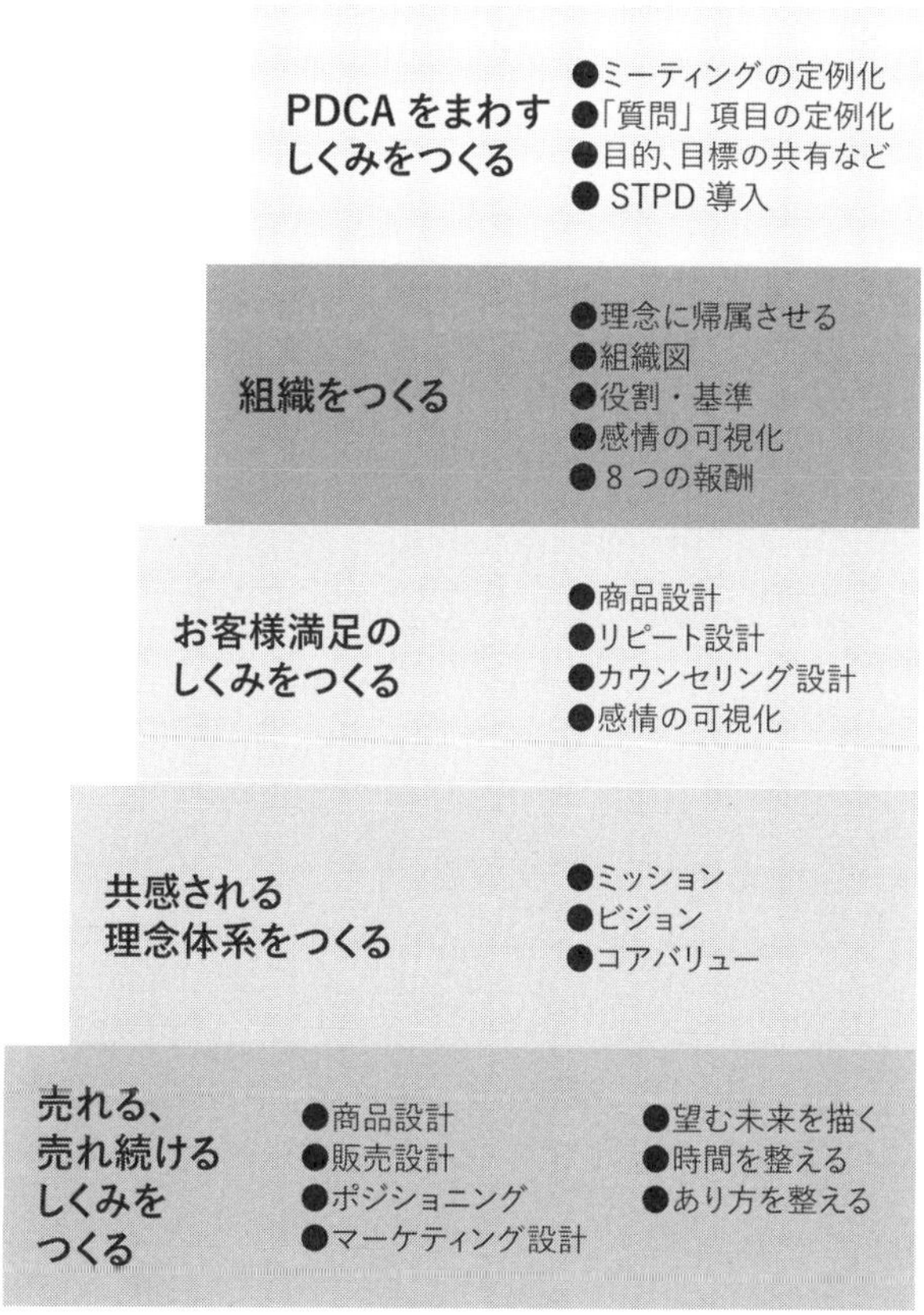
PDCAをまわすしくみをつくる
●ミーティングの定例化
●「質問」項目の定例化
●目的、目標の共有など
● STPD導入
組織をつくる
●理念に帰属させる
●組織図
●役割・基準
●感情の可視化
● 8つの報酬
お客様満足のしくみをつくる
●商品設計
●リピート設計
●カウンセリング設計
●感情の可視化
共感される理念体系をつくる
●ミッション
●ビジョン
●コアバリュー
売れる、売れ続けるしくみをつくる
●商品設計
●販売設計
●ポジショニング
●マーケティング設計
●望む未来を描く
●時間を整える
●あり方を整える

人が集まるコミュニティをつくろう

横山　直宏

Catch the Webグループ代表
経営者向けマーケティングコミュニティYCSほか10社経営
適性のある人が集まるしくみ、会員継続したくなるしくみを徹底構築し、Webマーケティングのみで、17年間で累計100億円という売上を達成。YCS以外では自身が不在でも増収増益になる会社に成長させている。YCS単体では、会員数が600名以上、年商約4億円（2023年実績）。

会員が増え、継続したくなる秘訣とは？

WEBマーケティングコミュニティYCSは、10年で600人以上の会員が参加しています。

受講料が高単価でありながら順調に会員数を増やし、よい成果を出している理由は

「楽しく学べる環境」をつくっているからです。

また、会員数を増やせているポイントは、定期的に会員募集を実施しているからでしょう。入る人数を増やし、退会してしまう人数を抑える取り組みをし続けています。当たり前のことに思えるかもしれませんが、ここはとても重要なポイントです。

たとえば、会員数が600人の場合、20％減ると120人も減ってしまいます。この減少人数の割合を減らしながら、半年に1回、新規会員募集を行っています。大学の前期後期のような形で入ってもらい、**仲間をつくりやすいしくみがいいと考えているので、新規会員は年に2回新しい人たちが一斉にスタートできる**ようにしてきました。

もうひとつの工夫は、契約形態です。

弊社のサービスは、初年度だけ1年間契約とし、2年目以降はいつでも辞められるように毎月更新のサブスクリプションのシステムにしています。

この方法によって、2年目以降の継続へのハードルを下げ、契約更新する人を増やしてきました。

値段設定もバランスが重要です。2年目以降は1年目よりも安価にし、「この金額だったらずっと継続したいな」と思える価格にしています。

仲間がいることが継続する価値になる

会員数を増やすには、コミュニティを充実させることも重要です。

契約を継続したいと思っていただける理由のひとつに、最新の情報が入ってくるという点も大きいでしょう。インターネットは変化のスピードが速いので、最新のコンテンツを知りたい人はかならずいます。

「ここにいたら最新の情報が入ってくる」

退会する人数を減らし
入会する人数を増やす取り組みを
徹底的に行うのが
コミュニティ発展のカギ

「何かあったときに困らないためにいよう」

と考える人たちを、一定数確保し続けることが大切なのです。

もうひとつ大切なのは、情報だけでなく仲間がいるという環境です。

「仲間が一緒にいるから楽しい」

「ここにいるとやる気が出る」

ということが、環境の価値だと考えています。


コンテンツとコンテクストの両方を揃えることで、「ここにいたいな」と思っていただける環境をつくれるのです。


そして、半年に1回、定期的に新しい人が入ってくることで、既存の会員さんにもよい刺激が生まれます。

「ここにいると、おもしろい人とつながることができる！」

と感じてもらうことも会員数を維持できる要素になっています。

継続したくなるしくみをつくる

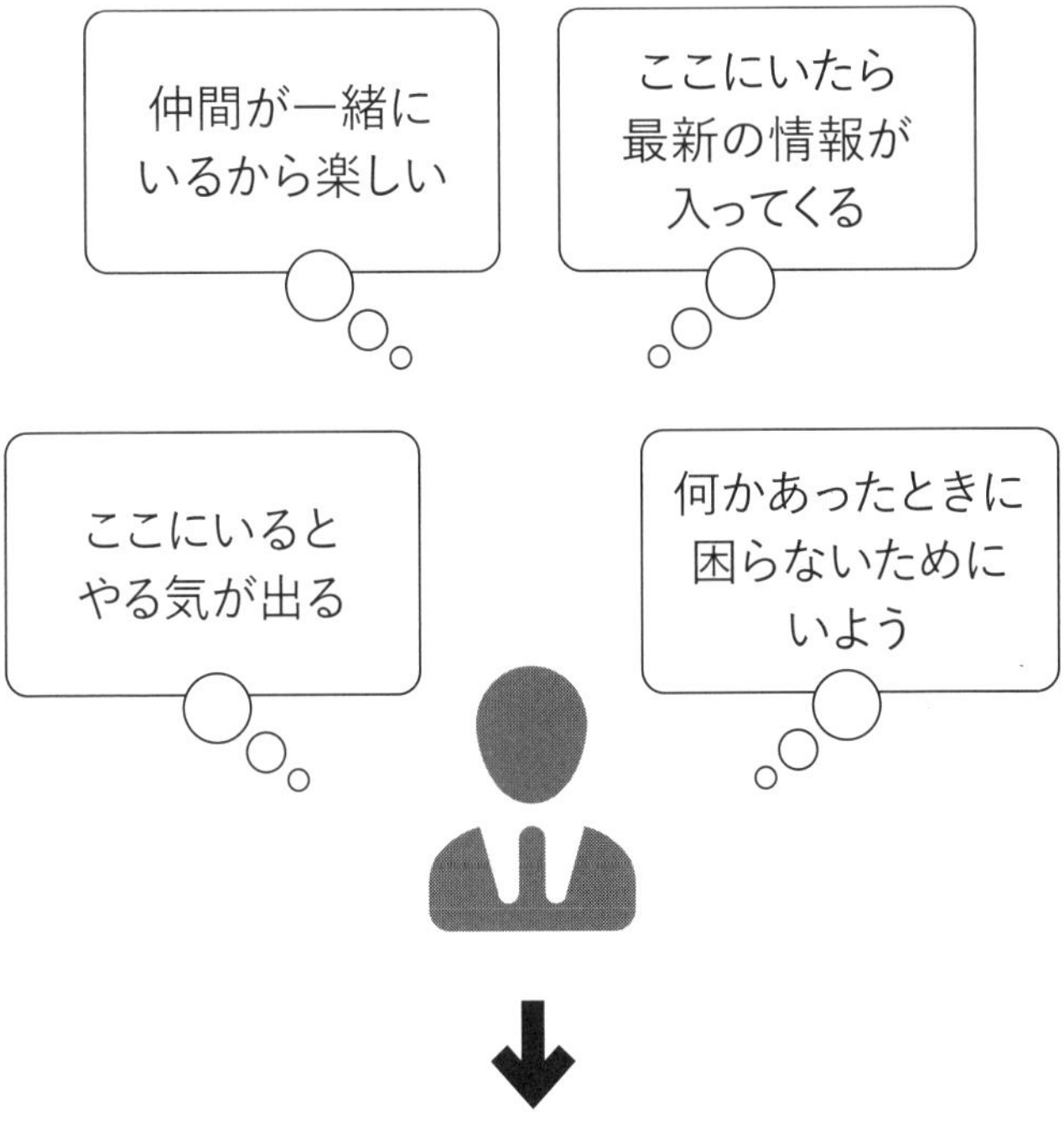

「ここにいたい」

コンテンツとコンテクストの
両方が揃った環境をつくる

リーダーが不在でも成り立つコミュニティをつくる

アットホームでフレンドリーな雰囲気の仲間たちが集まっていることが、わたしのコミュニティの魅力だとよく言われます。これは、半分は意図してつくっているものですが、半分はわたしの特徴でもあるかもしれません。

意図して心がけていることは、わたしでなければ答えられないことをできる限り減らし、わたし以外の人も知っている状態をつくることです。

たとえば、コンサルティングはわたし以外の人からでも受けられるほうがいいと考えているので、あえて会員さん同士で教え合える状態をつくり、わたしが不在でも場が成り立つようにしています。

そのような環境が実現できるように、組織はピラミッド構造ではなく、できる限りフラットな構造にしています。

リーダーが不在でも、お互いに教え合い・コンサルや講師ができる組織づくりがポイントです。

フラットな関係性が築ける環境をつくる

「お金をもらっているから講師としてしっかりやろう」

と考える人は、お金をもらわなければしっかりやらない人とも考えられます。

「これは仕事の範囲外なのでできません」

と言ってしまう人には、お金が目的で動く傾向があるかもしれません。


一方、わたしのコミュニティでは、講師やコンサル役をする人も受講生のようなフラットな立ち位置にいることが特徴です。

この環境にすることで、「誰かのために自主的に動くこと」が考えられる人たちが集まるのです。

また、**コミュニティがうまくいくためには、会員さんが結果を出すことで喜んでもらい、継続してもらうことが重要**です。

そのためにも、お互いに結果を出して喜んでもらうことを考えられる人たちを集める環境づくりが求められるのです。

コミュニティを発展させるには「理念」が必要

理念経営・ビジョン経営を動かすやり方として、10年ほど前に経営コンサルタント、マイケル・E・ガーバー氏のガーバーモデルを取り入れました。

わたしは、サービスごとに「何のためにやるか」という理念・ビジョンを決めて行っています。

そして、関わっている人に対して、

「あなたはこの役割だよね」

と取り組むことを明確にしていくのです。

とくに、コンサルタントやマーケティングなどの職業は、人に依存するところが大きいので、理念やビジョンに共感してくれている人と一緒に取り組むことを大切にしています。

コミュニティを発展させるには、理念に共感してくれる理解者が必要なのです。

経営のトップとして意識している3つのこと

わたしが経営者として意識していることは大きく3つあります。

ひとつ目は、自分の「あり方」を整えておくことです。

自分の状態が悪かったり、体調がよくなかったりすると、思考も鈍くなり、あり方も整いません。

自分のあり方を整えておかなくては、どんなによいことを伝えても「いやいや、あなたがそれを言うの？」という話になってしまうでしょう。

ですから、まず自分の心身を整え、あり方をよくしましょう。

2つ目は、「働く側も買う側もしたくなること」をすることです。

これは人間の心理です。

わたしは自分が所属したいコミュニティや、コンサルタントとして働きたいコミュニティづくりを意識しています。

「どうしたらコンサルタントがやりたいと思うのか？」

「どうすればクライアントは継続したいと思うのか？」

このように、相手が何を望んでいるかを理解して考えていきましょう。

3つ目はトライ&エラーをすることです。

あなたも「よい」と思ったものは素直に取り入れてみてください。

そして、よくなかったらすぐ改善しましょう。

固定化しないことやルール化しすぎないことも大切なので、いいと感じた方法は柔軟に取り入れられるといいですね。

経営者がこの3つのポイントを心がけることで、魅力的なコミュニティが生まれ、ビジネスはどんどん拡大していくはずです。

皆さんのビジネスの発展を応援しています。

経営者として意識していること

自分の「あり方」を整えておく
「働く側も買う側もしたくなること」をする
トライ&エラーをする

↓

魅力的なコミュニティが生まれビジネスが拡大する

第４章

心が通う組織をつくるには？

☑ しくみをつくるだけではうまくいかない

「したいけれどできない」の問題は理由と対策を明確にする

経営者向けのコンサルティングを行っていると、なかには課題をこなせない人もいます。

多くのコンサルタントは「次回までに取り組んでくださいね」と言うのですが、このアプローチでは、問題が解決できないことが多々あるのです。

人は感情のある生き物ですから、ただルールを設け、やり方を伝えるだけではうまくいきません。

同じように、組織のしくみも、つくるだけではうまくいかないものです。

しくみをつくったうえで、どうすれば行動できるようになるかということも考えていきましょう。

うまくいかないときは、続かないダイエットと同じで、何かしらの理由やブロックがかかっている状態です。

本人のモチベーションなどではなく、ブロックの解消を行うことで解決していくでしょう。

そのため、わたしは**どうして今回できなかったのか、どうしたら次回できるのかをきちんと浮き彫りにする**ようにしています。

現在は、マイケル・Ｅ・ガーバー氏のビジネスモデルなどを参考に、感情的な問題と機能的な問題の両方から見て、根性論ではない方法を提案しています。

「時間がない！　したいのにできない！」

というループに陥ってしまっている人は、まずそのループの理由に気づくところから始めましょう。

がんばる気持ちだけでは解決できないこともある

感情的な問題か機能的な問題かを見極めよう

先ほどの例のように課題に手がつかないときや問題解決ができないときは、感情的な問題なのか、機能的な問題なのか考えるようにしましょう。

感情的な問題とは、本人の思い込みがブロックになっている場合です。

心に何か引っかかっていると、そちらに引っ張られて課題がこなせなくなってしまうのです。

一方、機能的な問題とは、構造的な問題のことです。

たとえば、すべてが経営者に集まるようなモデルになっていると、本人がひとりでいくらがんばっても、課題に着手する時間をつくることはできません。

経営者自身が抱える仕事が多く、自分で答えを出さなければいけない構造になっていたら、その構造自体の問題を解決しない限り無理なのです。


何か問題を見つけたときは、感情的な問題なのか、機能的な問題なのかを判断し、アプローチを変えて対処しましょう。

しくみを変えなければ同じことが繰り返し起こる

忙しい経営者ほど、

「実行したいのに、なかなかそこまでできない！」

という状態になっています。

でも、大変な状況にはまっている人ほど、

「いや、大丈夫です。がんばりますので」

といった言葉をすぐに口にする傾向があるのです。


もちろん、がんばることも大切なことなのですが、自分の気持ちだけでは乗り越えられない現実もあります。


「本当にがんばってやれそうかな?」

「自分のなかで何が引っかかって、時間がとれなかったのかな?」

と冷静に、客観的に考えてみましょう。


できない理由を分析して、しくみ化しなければ、また同じことが起こります。

今回だけ無理をしたとしても、結局続かなくなってしまうでしょう。

それでは、経営者本人だけでなく、スタッフやクライアントのためになりません。

この機会に、ぜひ一度見直してみましょう。

しくみは冷静に見直す

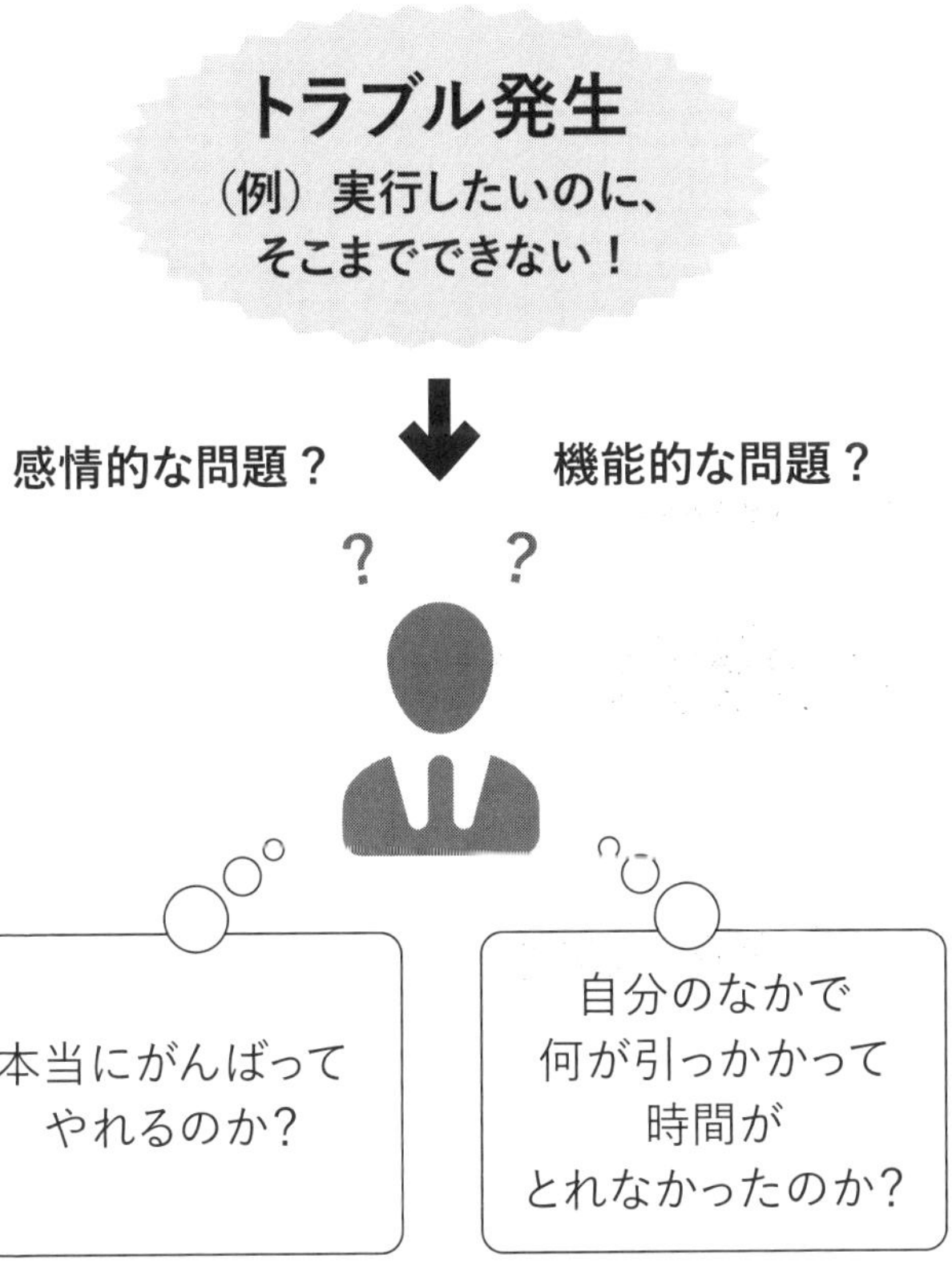

できない理由を
分折してしくみ化する

緊急対応ができるスタッフを育てよう

経営者がいなくてもまわるしくみをつくる

したいことができなかった場合、

「時間がとれなかった」

というのは、根本的な理由ではありません。


「急ぎの案件があったから時間がなくなってしまった」

「緊急事態が発生し、その対応に追われていた」

「仕事量が多くてこなせなかった」

といったように、さらに具体的に考えてみましょう。

そして、このような問題の多くは、**経営者に急ぎの案件が集まるしくみになっていることが一番の問題点になっている**のです。

でも、急な案件対応は本当に経営者だけが対処するべきものなのでしょうか？

極論ですが、経営者がある日突然、1週間いなくなったとしたら会社はどうなるでしょう。そのときに、スタッフが自分で考えて、きちんとした打ち手を講じられたら理想的ですよね。

会社がそうなるためにはどうしたらいいか、具体的な案を考えてみましょう。

急な対応は、何かがひとつうまくいかないと対応が難しくなるケースも多いものです。経営者の不在時に大きなトラブルを起こさないためにも、日頃から取り組んでおいたほうが、スタッフのためにも、クライアントのためにも、会社のためにもなります。

ぜひ、経営者がいなくてもまわるしくみをつくりましょう。

自分で気づくことが解決のカギ

例にあげた経営者の方は、コンサル中に
「緊急対応へのしくみ化は、わたしがいる・いないにかかわらず、いつでも行動できるようにつくる必要がありますよね」
と気づきました。
そこからさらにディスカッションが盛り上がっていったのです。

このとき、わたしは
「こうしましょう。ああしたらいいですよ」

という話はしていません。

「どんな感じならできそうですか？」

「いま、何か引っかかっているところは何ですか？」

といった問いかけをして、経営者自身に考えていただくことが重要です。

自分で振り返ることで、何がブロックになっているのか気づけるようになるでしょう。

「なるほど、ここがボトルネックだったのか！」

「こう解決したらよかったのか」

というポイントに気がつくと、まるでオセロが裏返しになるかのように、意識も思考も変わっていくのです。

問題の解決策はまわりが押しつけるものではありません。

問題点をチャンスに変えられるように、自分の力で考える習慣を身につけていきましょう。

ただし、ひとりでは、客観的な視点が持てません。

コンサルタントや経営者仲間に相談することも大切です。

人は自分で意識することで成長していく

人は、言われたことはしない

多くの人は、他人から言われたことを素直に行動に移せないものです。
けれども、自分で考えて「これならできそう」と思ったことは高確率で実行します。
これが多くの人の心理なのです。

ですから、わたしは自分をコンサルの先生という立ち位置のポジションよりも、経営者やスタッフの方たちが自分で考えて行動していけるようにうながすことを心がけています。

このようにわたしが考える理由は、わたし自身が健康メソッドにずっと関わってきたからです。

治してください、という意識で取り組む人より、自分で治そうと意識している人のほうが結果的には健康になっていきます。

だからこそ、わたしは**コンサルの際も経営者さんやスタッフの皆さんの自立を意識して関わっています。**

どんな問題も、かならずその人ならではのことが起きているので、自分で気づき、解決していきたいものです。

スタッフが辞めない組織をつくる

スタッフへの権限委譲と時間をつくるための工夫に取り組む

経営者に仕事が集中してしまっている場合、組織のスタッフが辞めてしまって、思うように育たないというケースも「あるある」ではないでしょうか。

「どのような人を採用したらいいのか？」と相談を受けることもよくありますが、人が辞めてしまう場合の多くは、採用の問題ではありません。

わたしは、スタッフが辞めていかない環境づくりが重要だと考えています。

耳の痛い人もいるかもしれませんが、じつはワンマン経営の企業ほどスタッフが辞めていく問題を抱えている傾向があります。

もちろん、重要な部分はワンマンでもいいのですが、ある程度権限の委譲をしていかなければスタッフは育ちません。

スタッフたちも自分で考えて行動できない環境では、やる気も日々減っていき、人がどんどん辞めていってしまうのです。

ですから、**現在どんなに忙しくても、スタッフに必要な権限を移し、辞めない環境づくりに力を注ぎましょう。**

プロジェクトに時間をとられているならば、新規プロジェクトに関わる案件数を制限するという方法もあります。

自分で抱え込みすぎている経営者は、これ以上抱えるものを増やさないことも重要です。

ひとつずつ、しくみ化することで仕事も時間も整理していきましょう。

物事は二軸で考えるとうまくいく

一方の視点だけで判断していませんか？

物事を考えるとき、一方からとらえるのではなく、二軸で考えるようにしましょう。

たとえば、組織のしくみを変える際に話題にあがるのは、人の配置と役割の決め方です。組織の評価基準をつくるときも、二軸で考えてみてください。

- やり方：　技術と技術を提供するスキル
- 人間的なあり方：　道徳のようなもの

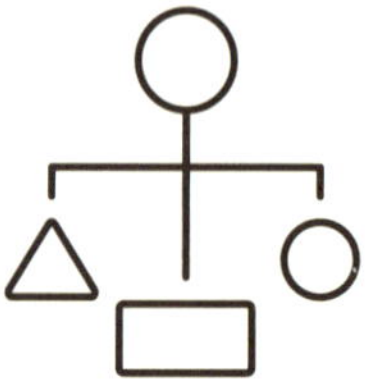

また、クライアントへの価値提供も二軸で考えましょう。

・機能的な価値提供（例）身体の痛みをとる
・感情的な価値提供（例）身体の痛みをとって旅行に行けて嬉しい

機能的な価値提供だけのビジネスでは、ドライな関係性しか築けません。

もしあなたよりスキルの高い人がいたら、簡単にそちらに行ってしまうでしょう。

そのため、わたしは健康業界で感情的な価値提供を提唱してきました。

機能的な価値提供にプラスして、クライアントの感情に寄り添えるようになると、クライアントに「ここに行きたい」と思っていただけるようになり、機能的な価値で比較されない唯一無二の存在になれるのです。このしくみをつくっていきましょう。

二軸で物事を考えると、物事のバランスがとれるようになり、経営者の負担も徐々に減っていきますよ。

バランスよく二軸で考える

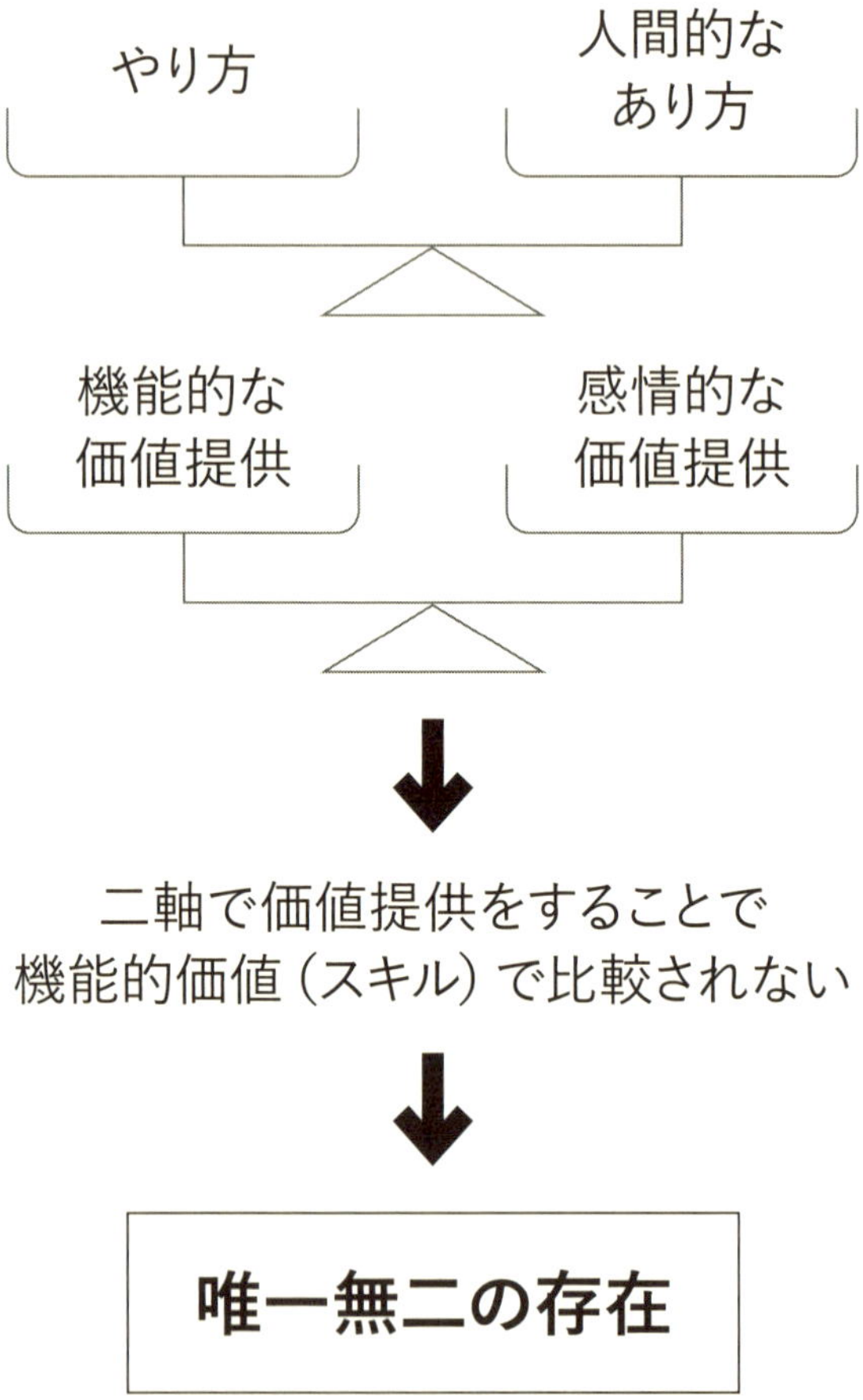

感情のミスマッチをなくそう

感情と行動は一致していますか？

感情的な価値を提供するには、まず「感情」を知ることが必要になります。

しかし、**現在の日本では、自分の感情がわかっていない人が大勢います。**

そこで、わたしが注目しているのが、会社組織を上手に運営している投資家兼経営者の岡城良太さんが提唱されている「感情の可視化」というメソッドです。

感情と行動が一致している状態は、次のとおりです。

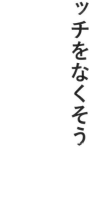

・自分がしたい　＝　快を得るための行動をとる
・自分がしたくない　＝　不快から逃げるための行動をとる

たとえば、「病気になったら不安」という感情のときの行動を例にみてみましょう。

1　感情と行動が一致している人　…　病気にならないように行動する
（例）簡単な運動をする、食事を意識する

2　感情と行動が一致していない人　…　病気になったあとの備えをする
（例）保険に入る

このように見ると、2の人の行動は、本当の感情を満たしていないことがわかりますね。

このようなミスマッチが、ビジネスでも起きているのです。

クライアントの感情に合っていない商品では満足してもらえない

自分の軸が定まっていない人は、マーケティングや流行に流され、本当は欲していない商品やサービスを手に入れてしまいがちです。

それがクライアントの場合、**購入はしてもらえますが、クライアントが本当にほしいものではないので、こちらがどんなによいサービスを提供しても満足してはいただけません。**

だからこそ、クライアントの感情を知ることで、このようなミスマッチをなくしていくことが大切なのです。

感情と行動の不一致を自覚するためには、まず「感情の可視化」のメソッドを使った見える化を行いましょう。

感情の可視化で心が通うチームをつくる

感情の可視化を上手に取り入れ、ビジネスを成功させよう

感情の可視化では、感情という見えないものを見える化することができます。

よく言われていることですが、人が欲しているものをつくれば、かならず売れるのです。すると、大規模なマーケティングをしなくてもビジネスはうまくいきます。

感情の可視化をここで紹介したのは、**「経営のしくみ化」というメソッドには、人の気持ちへの配慮が欠かせない**からなのです。

共感される理念にも、売れるしくみにも、支える組織が必要です。

そして、支える組織には、感情への配慮が欠かせません。

「経営のしくみ化」は、構築に少し時間がかかりますが「これだけやれば、経営は永続的にうまくいく！」という成功法則を詰め込んでいます。

いいものをしっかり広げたい人、長く続く経営をしたいという人には合うモデルですから、ぜひ、時間をかけても取り組んでみてください。

しくみができれば、時間の使い方も変わり、１年後、３年後には素晴らしいチームに囲まれて大きな夢を叶えられるようになっているはずです。

スタッフの感情に寄り添い自走する組織をつくろう

適切に感情のケアができると、離職率が下がり売上が上がる

「感情の可視化」は組織づくりにも重要です。

せっかく採用した人がなかなか定着しない場合、感情でミスマッチが起きている可能性が大いにあるのです。

沖縄県にある岡城さんの経営する美容室を例にご紹介しましょう。

沖縄県は平均所得が低く、２０１９年の調査では、47都道府県中46位でした。さらに、ほかの業界から見ても美容師の給与は高くありません。

そんな状況のなかでも、好きな美容師の仕事が続けられるように考え、構築したのが、感情の可視化メソッドです。その結果、スタッフのパフォーマンスも上がり、業界平均売上の２・５倍もの売上をあげているそうです。

スタッフの感情の軸を整えよう

組織・チームづくりでは、共感される理念に沿って、スタッフが何のために仕事を行い、どのように関わっていくのかを共有することが重要です。

感情の可視化というメソッドを生み出した岡城さんは、スタッフの

「なぜここで働くの？」

「自分の人生をどうしていきたいの？」

「こうなりたい。ああなりたい」

という軸や背景にある感情を大切にすることで、上手に会社を拡大しているのです。

人は感情の生き物ですから、不安を解消し、やりたいことが明確になるとイキイキ働けるという好例ですね。

感情面のケアができると自走する組織が育つ

億を超える経営を実現するには、共感される理念・しくみ・組織が必要になります。

そのなかでも、組織を支えてくれる人たちは感情を持っているので、感情のケアをおろそかにしてはいけません。

組織をつくり、人を育てることは長期的な売上拡大につながるので、億を超える経営を目指すのであれば、スタッフの「感情の可視化」にも力を入れていきましょう。

会社の理念に共感してくれる人なら、経験を積むうちに自然とスキルも伸びていきます。「感情の可視化」をしていくと、会社の理念と自分のやりたいことが一致していくので、行動にもぶれがなくなっていくでしょう。

そうなるとスタッフたちのモチベーションやパフォーマンスも自然に上がり、細かな指示をしなくても、自分で動けるスタッフばかりになっていきます。

その結果、会社のパフォーマンスが上がり、売上も伸びていくのです。

スタッフの感情の可視化が会社の売上につながる

感情の可視化でビジネスを右肩上がりにする

岡城　良太

投資家
株式会社CHIMJUN代表　ほか3社経営
ホームページアドレス　https://chimjun.jp
日本一所得の低いといわれる沖縄県で理美容室4店舗、エステ3店舗のグループ会社を経営。年商5億円。
優良顧客の単価が4倍になり、顧客平均単価は業界平均の2・5倍。店舗の利益率も業界平均3％の10倍以上の30％を17年継続中。

お客様と従業員に価値提供できる会社をつくろう

現在4社の経営に携わっていますが、わたしがもっとも大切にしていることは、お客様と従業員に「価値提供ができるかどうか」です。

価値観を共有できる集団であるからこそ、お客様に価値提供ができると考えています。たとえば、従業員がわたしと同じ価値を感じることができていなければ、わたしがお客様に届けたい価値を届けることはできません。

会社の価値共有は「お客様に対して価値があることだから、皆さんで実践してくださいね」と伝えるだけでなく、従業員自身が感じている価値とうまくリンクさせていくことが重要です。

それが、「会社に言われたからやる」のではなく、「これは価値があることだから、やらない理由はないよね」と行動できる集団になる秘訣なのです。

もし、従業員が会社と同じ価値を感じることができていなかったら、自己矛盾が生じてしまいます。そして、自己矛盾が起こると会社の理念が会社全体に行き渡らなくなってしまいます。

だからこそ、お客様だけでなく従業員にも価値提供することが大切なのです。

感情の可視化で自分の軸をつくると行動がぶれなくなる

人は自分の価値基準が不明確なままでいると、たとえ承認欲求が一時的に満たされたとしても、長期的な目では効果がなくなってしまいます。

だからこそ、自分の価値基準を軸として持っておきましょう。

主軸が不明確で定義されないままでは、よい取り組みや商品があっても、なかなか成功にはつながりません。

感情の可視化に取り組み、最初に自己矛盾がない状態を確認しておくことは、とても大切なことなのです。

自己矛盾がなくなると、自分が取り組んでいることと目指していることがずれていないか確認できるようにもなります。

大切にしたい概念は時代によって変わっていくものです。

また、自分のフェーズが変われば価値基準も変化していきます。

最低でも年に1回は、感情の可視化で自分の内側にあるものを言語化しましょう。

年に１回取り組むことで、自分の変化に気づくことができるようになりますよ。

飲みニケーションでは、会社の価値観の共有はできない

従業員と価値観を共有する際も、感情の可視化に取り組んでいます。

昔は、「飲みニケーション」が接触頻度を高めるツールでした。
でもこれは、価値の提供ではなく、押しつけになってしまう危険性があるのです。
たとえば、上司の話を耐えて聞いていた経験がある人も多いのではないでしょうか。

飲みニケーションの場では、経営者やマネジメントをする側が話したいことを話す形になってしまいがちなので、マネジメント側の自己満足になり、最悪の場合、価値

の押しつけになってしまうこともあるのです。

このような一方的な方法では、価値観の共有はできません。

あくまでも相手の価値観と会社の価値観をリンクさせたうえで、行動に落とし込んでいきましょう。

自分の価値観を言語化できるように訓練しよう

感情の可視化は、頭のなかを整理し、自分の感情を理解するだけでなく、自分の価値観を相手に伝えるためにもとても有効なツールです。

これは仕事でも使えます。

限られた時間のなかで、お客様にとって必要な価値提供をすることは、とても重要なことです。

短時間で価値共有をするには、日々の訓練が欠かせません。

話が飛んでしまいやすい人の場合、まず1回文字にして見える化し、その文章をシェアしてもらっています。

自分自身で言葉を削ぎ落としてもらわなければ、聞いている側は、時間がいくらあっても足りません。

相手の考えを聞き、自分の考えを伝えるためにも、日頃から自分の価値観を端的に言語化できるよう訓練するのがおすすめです。

3つのプロセスで価値共有をする

人は、「わかる」と言ってくれる人を求めていますが、共感だけでは中身のない雑談で終わってしまいます。

プライベートであれば、共感して安心できる関係性を築くだけでもいいのですが、仕事では、一歩踏み込んで価値の共有まで行いましょう。

価値の共有には次の3つのプロセスがあります。

①価値の理解
②価値の共有
③価値の再設計

まずはお客様の価値を理解して、次にわたしたちはどういう価値観なのかを共有します。

そして、一緒に歩むのであれば、お互いの価値を再設計するのです。

まずは共有し、さらにレベルを上げるようなイメージで、お互いの価値をすり合わせていきましょう。

価値共有の３つのプロセス

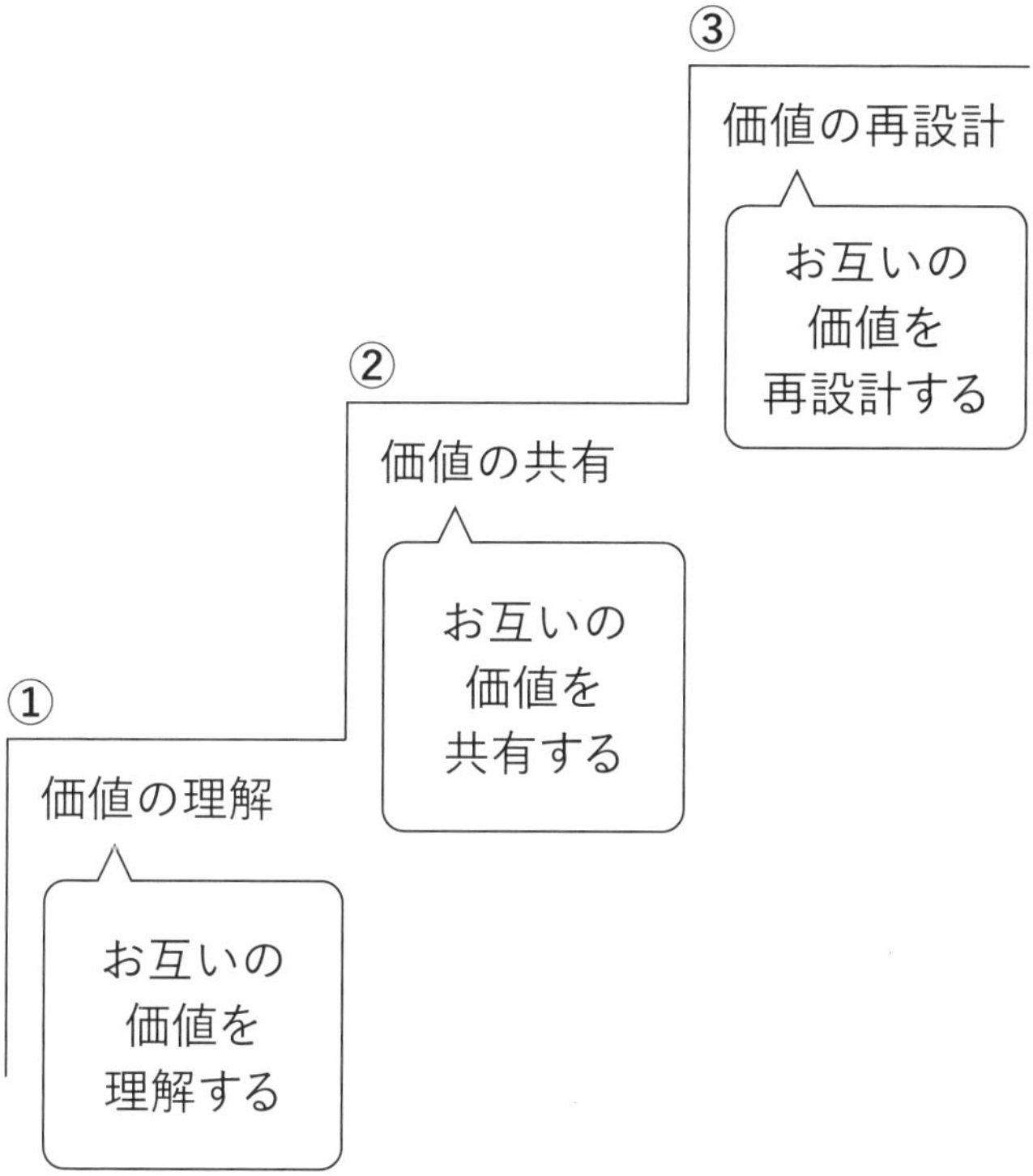

お互いの信頼関係が深くなる

自己矛盾がないことを目指そう

先ほどお話しした「自己矛盾がない状態」を会社に当てはめると、会社の理念、サービス・人材が、お客様に矛盾なく届いている状態を指します。

たとえば、「お客様のために価格を安くしよう」と言う人は、かならずいるものです。もちろん安いほうがお客様にとってはいいことですが、利益が出なければ会社は存続できません。

発案者に、

「安くすると利益が出なくなる。自分の給料を減らしてでも、お客様に安い金額で提供したいのか」

と尋ねると、それは嫌だと答えます。

これが、自己矛盾が起こっている状態です。

ビジネスである以上、適正価格で適正利益をとらなければ継続できません。

このことを忘れないようにしましょう。

気持ちが入っていない理念は浸透しない

理念経営の設計は、わたしも最初からうまくできたわけではありません。

振り返ってみると、創業当初の理念は借り物でした。

正解を求めて、尊敬する松下幸之助さんが掲げている理念を入れてつくったのです。

ただ、自分の言葉ではないため、掲げてはいるものの心が入らず、現場にも浸透しませんでした。しかし、理念はあまり変えてはいけないという固定概念があったので、ずっと変えずにいたのです。

現在の理念は、感情の可視化を通して自己理解を深めた結果、自分が大切にしている価値観を言語化してつくったものです。

理念をつくるときは他者に協力していただき、ディスカッションをしながら構築しました。

自分の言葉でつくっているため、覚えておかなければいけないことではなく、自分に染みついている存在になっています。

こちらの想いがきちんとお客様に届くように、従業員やサービス、パッケージに理念がきちんと行き渡っていることを大切にして、日々経営を行っています。

フィードバックのしくみで従業員の自立をうながす

CHIMJUNが掲げている理念は、「ヒトと事業を通して健やかな未来を紡ぐ」です。

個人の価値観を言語化し、その過程に会社があることをお互いに認識できるしくみにしています。

しくみの特徴は、感情の可視化と定点観測です。数字的な側面を追うミーティングと、感情的側面を追うミーティングを分けて行っています。

数字的側面は週1回、月次目標の進捗度合いを見ています。数字だけの話をする限られた時間のため、30分～1時間に限定し、無駄を削ぎ落とすことが必要です。

あらかじめ言語化したテキストを最初に共有し、話し合うようにすると円滑に進みます。

感情的側面は、月に1回、時間をかけて行います。

ここでは、アドバイスではなく、フィードバックを行っています。

このしくみを取り入れた結果、従業員の依存が解消され、指示待ち状態から脱却し、個々が自立しました。

自己理解が深まるだけでなく、会社が成果を出すためにどうすればいいのか理解が深まった結果、従業員が自発的な行動をとるようになっていったのです。

未来に投資する時間をつくろう

数字的側面と感情的側面のミーティングを分けた理由は、「緊急で重要なこと」と「緊急ではないけれど重要なこと」を別々に行う必要があるからです。

緊急で重要なときに行う会議やミーティングは、対処療法が主体で、アドバイス寄りになってしまいがちです。

しかし、わたしは、**アドバイスではなくフィードバックができるしくみをつくりたかった**ので、あえて分けることにしました。

フィードバックは、余裕がなければできません。

数字的側面を定点観測していくことで、感情的側面のミーティングでは本質的な議論ができるようになります。

わたしはそれを意図して設計していますが、参加する従業員は、意図せずに取り組んでいます。この、自然にできるしくみに価値があるのです。

「緊急ではないけれど重要なこと」に取り組むことは未来への投資のようなものです。その投資の時間をどうしたらとれるのかを考え、定点観測に辿り着きました。最初からこの方法だったわけではなく、積み上げていった結果、いまのしくみになったのです。

わたしに付き合ってくれたまわりの従業員がいてくれたからこそ、できあがったしくみだと自負しています。

フィードバックし合う環境から自分で動く力がつく

月に1回行う感情的側面のミーティングには時間をかけましょう。

わたしたちの場合は、朝の9時から5時まで一緒に過ごし、昼食も一緒に食べます。「同じ釜の飯を食べる」時間も大切なのです。

わたしはできる限り参加するようにしていますが、基本的にはオブザーバーです。部屋にいながら自分の仕事をしているときもあります。

必要なときだけ午前中に情報共有をして、そこからディスカッションをしてもらいます。

ファシリテーターは基本的に従業員に任せているので、わたしが参加しなくてもまわるしくみができました。

ここでは、

「実際にやってみてどうだったのか？」

「ほかにもこういうことがあるね」

といったことを議論し、必要なことを拾い上げる時間にしています。

アドバイスではなく、フィードバックの環境をつくることで、みんながさらに考えて、自ら動いてくれるようになるのです。

フィードバックの環境をつくれば指示待ち状態から脱却できる

理念が共有されることで行動に一貫性が生まれる

これだけ多様化してきている世の中では、

「自社の理念・価値を大切にするように！」

というリーダーシップには無理があるかもしれません。

強烈なリーダーシップで短期的に引っ張っていくことはできますが、持続的・継続的発展を考えたとき、難しくなっていくでしょう。

長期的に継続的に発展していくには、感情の可視化は欠かせません。

従業員それぞれが感情の可視化を行い、会社の理念とすり合わせをすることではじめて理念の共有ができます。

もしもずれている場合は、そこですり合わせを行いましょう。

そして、感情の可視化で自分の定義（人生の羅針盤と呼んでいます）を行い、自分が進んでいく途中に、会社の理念があるかどうかを確認することが大切です。

すり合わせができ整合性がとれると、行動に一貫性が生まれます。

これこそが、理念の共有なのです。

感情の可視化やしくみ化の導入成功ができるのは経営者だけ

感情の可視化やしくみを会社に導入しようとするとき、それが成功するかどうかは経営者次第です。

実際、経営者が自立や自己理解ができていない場合、社内でしくみ化をするより、外注を好む傾向があります。

また、人のことなら言えるけれど、自分のこととなると見えなくなってしまうケースも多々あります。

自己理解ができていない人は、案外多いものなのです。

だからこそ、自分を俯瞰して見て、人の話を素直に聞くことを心がけましょう。

そうすることで、経営者の価値基準が定まれば、感情の可視化やしくみ化も自然とうまくいくようになります。

感情の可視化ができると組織のしくみ化はうまくいく

感情の可視化は企業・個人の発展に役立つ

自分のことは誰しもわからないものです。

苦しい道を選びがちな人は、自分の過去を否定したり、自己否定感を抱えていたりします。

感情の可視化で書き出す作業をすることで、自分を客観視できるようになると、自己受容ができ、自己否定のクセが収まり、パフォーマンスも上がっていきます。

だからこそ、わたしは感情の可視化を多くの組織におすすめしたいのです。

感情の可視化を導入するときは、ぜひ次のことを意識して実践してみてください。

1　自己理解ができているか
2　自己開示ができるか
3　自己受容できているか
4　俯瞰できているか
5　素直に聞けるか

この**5つのポイントを押さえていれば、感情の可視化の考え方が浸透していきます**よ。

感情の可視化は、企業であっても個人であっても必要なことです。

わたし自身は、ＣＨＩＭＪＵＮブランドを沖縄発の世界ブランドにし、感情の可視化を世界に普及できるよう目指しています。

あなたも、感情の可視化に取り組んで、組織のしくみを変えていきませんか？

感情を可視化する

感情の可視化をすることで

- 自分を客観視できるようになる
- 自己受容ができる
- 自己否定のクセが収まる
- パフォーマンスが上がる

↓

感情の可視化が
企業も個人も必要

外注で離職率ゼロのチームを実現！

西口　まゆこ

株式会社マイレボリューション代表
ダンス教室専門集客コンサルタント兼ベリーダンサー
コロナ禍で一時売上0円になったところから、オンライン化3ヵ月で320万円を売り上げ、7ヵ月後には年収8桁を達成。
現在は外注で組織をつくり、ダンス教室のオーナーをサポートしている。

経営で大切にしていることは理念

経営では、大きく2つのことを大切にしています。
まずひとつ目は、理念です。

【理念】
生徒に愛されながら、大好きなダンス一本で
お金も気持ちも豊かになるダンス講師を世界中に増やす！
愛と感謝の循環でダンス業界をスーパーＨＡＰＰＹにする！

この理念には、コロナ禍で生徒ゼロ・売上ゼロになったことで自分自身がとても苦しみ、悩んだ経験がベースにあります。

この想いが、わたしの経営の原動力になっているのです。

わたしの場合、とくに「なぜわたしがこのビジネスを始めたのか？」という動機を大切にしてきましたが、水野さんのコンサルで理念の重要性がより明確になりました。

そして現在は、理念を大きく打ち出したことで共感してくれる人が増え、多くのアカデミー生が成果を出し、卒業後の継続コースへ上がる人も増えています。

仲間を増やすリーダーを目指そう

経営で大切にしている2つ目は、場づくりのリーダーシップです。

経営を成功させるには、リーダーシップが大切です。

ここでお伝えする「リーダーシップ」は、誰かを引っ張っていくのではなく、仲間を増やしていくような感覚をイメージしています。

とくに令和のダンス教室が生き残るためには、一匹狼の経営ではなく、横のつながりを増やしてチームで経営していく意識が必要なのです。

ですから、**経営者とメンバーとの垣根をなくし、一緒に夢を叶える仲間を増やす感覚で運営すること**を心がけています。

トップダウンをなくしてからのほうが、チームが主体的に動けるようになってきています。

「もっとよくするためには、こうしたらいいのでは？」

という意見も、チームの仲間から自然に出てくるようになりました。

新しい意見が出るたびにみんなで検討し、

「たしかにこっちのほうがいいね」

となったときには積極的に採用していきます。

実際に自分の意見が採用されることで、チームの仲間たちのやりがいが増し、主体的に動ける環境をつくることができるのです。

これからの時代は、まわりを引っ張るリーダーではなく仲間を増やせるリーダーが求められるのではないでしょうか。

理念に共感してくれるパートナーを増やそう

また、外注チームをつくるときも、仲間を増やす感覚が大切です。
・しくみで役割分担を明確にすること
・わたしの理念に心から賛同してくれていること
この2点を押さえておけば、大きなトラブルは起きないはずです。

わたしの場合は、

「絶対この人に任せておけば大丈夫」

という安心感と信頼関係があるアカデミーの卒業生たちや、理念に共感してくれる人にチームに入ってもらっています。

このとき、

「リーダーが率先してできなければいけない」

「わたしがちゃんとしなければいけない…」

という従来のリーダー像は必要ありません。

むしろ悩みも喜びもシェアし、まわりの人にお願いできる人を目指したほうがうまくいきます。

たとえばわたしの場合、次のような仕事を外注しています。

セールスチーム、コーチ、オンライン秘書、経理、
広告運用、インスタ講師、コンサル講師、動画編集

どんなことを任せたいのか明確にすると、お互いによりよい関係性を築けますよ。

離職率ゼロのチームはつくれる！

「離職率ゼロのセールスチーム」がわたしたちの強みです。

離職率ゼロと伝えると、まわりの人に驚かれます。

なぜなら、常に人が辞めるので、人員不足で採用の募集をしている会社がほとんどだからです。


離職率ゼロの理由は、楽しく仕事ができるからでしょう。

わたし自身、ノルマのプレッシャーがあるだけでパフォーマンスが落ちるタイプなので、ノルマを設けないようにしています。


ノルマをなくしたことで「みんなで協力しよう」という雰囲気が増しました。

これをゲームにたとえると、それぞれに担当するパートに特化して、力を合わせてボスキャラを倒しているような感覚です。

ですから、成約につながったときには、みんな自分事のように喜びますし、成約につながらなかったときも否定が一切ありません。

安心安全な場をつくることで、離職率ゼロのセールスチームをつくることができるのです。

トップが弱みを見せられるとチームは団結していく

安心安全の場づくりの秘訣は、トップが失敗を見せることです。

昭和の時代は、トップが完璧で、背中を見せるスタイルでしたが、いま、それでは人がついてきません。

トップは完璧でないほうが、チームがまとまり団結していきます。

トップ自らが弱みを見せ、失敗しても隠さずにどのようにリカバーするのかというプロセスを見せたほうがいいのです。

トップが失敗を見せ、みんなにアドバイスやフィードバックをしている姿を見せることは、

「意見を言ってもいいんだ」

「頼られているんだ」

というチームメンバーの自己肯定感や自己効力感にもつながっていきます。

ファン化が進む組織をつくろう

現在わたしたちは、水野さんから学んだ感情面と機能面の二軸を組織に取り入れています。

【感情面】

・グループコーチングを取り入れ、マインドを整えて行動できるようにした
・「アウトプットまでがインプット」を合言葉に、セミナーやコンサル後にもかならず学びや気づき、次へのアクションプランをアウトプットするのが当たり前という場づくりをした
・アウトプットが当たり前の環境をつくった
・セミナーでは講義半分、アウトプット半分の割合にしたことで、参加者のアウトプット量が増え、認知につながった
・リアル合宿の開催で、実際に「体験」してもらうことで、横のつながりや感動体験を共有できるようになった

【機能面】

・無制限コンサル、週1セミナー、グループコンサル、コーチング、インスタ講座など、受講生が悩んでいること・必要なものをサービスとしてどんどん追加することによって満足度を上げる
・代表以外の認定コンサル講師が増えたことで、アカデミーとしてのサポート力が上がった
・リピートをつくるしくみとして紹介制度を取り入れた
・感情面、機能面を可視化するしくみをつくる

とくにダンサーは感情ベースで動く人が多く、そのときのモチベーションやマインドでぶれてしまったり、行動できなくなったりする人が多い傾向があります。

そのため、**感情面と機能面の二軸で論理的に説明できるようになると、意思疎通がスムーズになりました。**

その結果、お客様に質の高いサービスが提供できるようになり、どんどんファンが

増え続けています。

多くの人と一緒に業界を盛り上げていきたい

「ダンス業界がとにかくよくなるように貢献したい」

この気持ちで、わたしは活動を続けています。

そのためにも、高単価商品をつくれるダンス講師を増やしていくことが目標です。

目指すのは、年商1000万円稼げるダンサーを増やしていくこと。

その試みとして「高単価セールスマスター講座0期生」の講座を行い、次々と成果が出ています。

その結果、ダンス一本で年商1000万円達成者も続々と増え、つい最近では年商2000万円を達成するダンス講師も輩出できて、とても喜ばれています。

高い情熱を持ったダンス講師が、長期的に教室を運営していける未来が楽しみで仕方ありません。

そのほかにも、目指したい世界を実現するために次のことを掲げています。

・ダンス業界がよくなるように貢献する
・高単価をつくれるダンス講師を育てる
・年商１０００万円を超えるダンサーを増やす
・企業でダンス研修を行い、身体と心の向上、そしてチームの成長を実現する
・生徒さんに感謝され喜ばれる、しあわせなダンス講師を増やす
・ダンス教室を「鍛える系から、誰でも楽しめる」に変える

より多くの人とつながって、この目標を叶えていくことがこれからのわたしの夢です。

理念にもとづいた経営ができると、働くことが楽しくなる

理念にもとづいた経営は、次の3ステップで始めましょう。

・賛同、共感される理念をつくる
・高尚な言葉ではなく、お腹からわいてくる気持ちを言葉にする
・これまで行ってきたことを棚卸し、言語化し、近しい人（仲間）に共有して、賛同してもらうところからスタートする

本心から成る理念をつくれば、かならず賛同者は増えていくものです。

仲間を増やして、共通の夢を一緒に叶えていく意識を持てると、働くことが楽しくなっていきます。

本書を通じて、理念の実現を目指す経営者が、ひとりでも増えることを願っています。

第5章

売れ続けるしくみのつくり方

☑ ビジネスを成功させるには売れ続けるしくみが不可欠！

継続商品がなければいつまでも集客に追われてしまう

経営者の忙しさを解消するためには、商品のしくみを見直すことも大切です。

企業のなかには、

「売れる商品はあるけれど、売れ続ける商品がない！」

というケースが少なくありません。


つまり、クライアントが来てもすぐ離脱してしまうので、常に集客と販売をし続けている状態です。

次にあげることは、わたし自身の失敗例です。

・最初から売上は上がったものの、それ以降が大変になった
・継続商品がなかったので、ずっと集客に追われていた
・一生懸命がんばっていたが、スタッフとの間に溝ができていた
・忙しすぎてクライアントサポートに手がまわらず、クレームが多発した
・講座ビジネスを協会モデルにしたところ、受講生とのトラブルで組織崩壊の危機が2度もあった
・売ることはできても「ビジネスのこと」「人」を知らないと痛感した

いかがでしょう?

成功するには、成功法則に従うことと同時に、失敗例に当てはまらないようにすることも大切です。

わたしの例を反面教師にして、遠回りせずビジネスの成功をつかんでくださいね。

多店舗展開で失敗する「あるある」

多店舗展開も、よく耳にする失敗例のひとつです。

一時的に店舗数が増えても、しばらくするとなくなるケースは少なくありません。

この原因は大きく2つ考えられます。

- 1店舗目の成功モデルをコピーできるしくみがないこと
- 2店舗目、3店舗目の運営を指導するしくみがないこと

「うまくいったから店舗を増やそう、優秀なスタッフがいるから大丈夫!」

という**慢心で進めていると、どんなに人気の商品を扱っていても、失敗してしまいます。**

このようなことのないように、しくみ化を取り入れて土台を整えたうえで、着実に

ビジネスを拡大させていきましょう。

失敗パターンに陥らないようにしよう！

自分が失敗パターンに流されないようにするには、次の点をチェックしてください。

- 心地よいか
- 自分に合っているか
- 日本人に合っているか
- 続けられるか
- 業界内で実績が出ているか（業界が違ってもビジネス構造が同じ場合はＯＫ）

失敗パターンに陥る人は、どこかで無理をしているものです。合わないもので無理に結果を出そうとするよりも、無理せず、成功パターンに乗れるように意識を切り替えていきましょう。

継続していくビジネスモデルをつくる

「集客ができればよい、売上が上がればよい」は幻想だった

ビジネスでは継続を何よりも大切にしましょう。

たとえ年商1億円を超えた企業であっても、しばらくするとクライアントがいなくなってしまう例は、珍しくありません。

それは、高単価のサービスが売れたとしても、一定期間が過ぎればコースが完了し、縁が切れてしまうからです。

翌年も同じ売上を維持するには、また集客から始めなくてはいけません…。

ひと昔前の職人気質の人が考える

「集客ができればよい、売上が上がればよい」

という経営方法は、情報が増え、サービスの数も質も上がった現代では、厳しくなってきているのです。

一方、うまくいっている会社は、継続するしくみをしっかり考えています。**全体の商品設計があり、高単価のライフタイムバリューができる設計をして集客しているのです。

継続してもらえるしくみがあると、ビジネスは安定して伸びていきます。ぜひ継続されるビジネスをつくり、安定して成長する経営を目指しましょう。

☑ 自分と似た構造の企業をお手本にしよう

業界が違っていても構造が似ている点は多い

学ぶ相手を選ぶときは、自分と同じタイプで実績が出ているかどうかを見ることが重要です。

たとえば、治療院・エステ・理美容などは、業界は違ってもビジネスの構造が同じタイプなので、参考になるでしょう。

また、意外かもしれませんが、税理士と司法書士と引っ越し業界も構造が同じです。

構造で見る際のポイントは、人数や規模ではなく、専門知識がある人がトップにいて組織ができている点です。

「専門家がいて組織がある」という点で見ると、ほとんどのビジネスがこの構図に当てはまるでしょう。

3章でお話ししたように、**日本の経営者は、職人タイプの人が多い傾向があるので、同じタイプの人がどのように成功しているのか、組織のつくり方・しくみのつくり方も参考にするのがおすすめ**です。

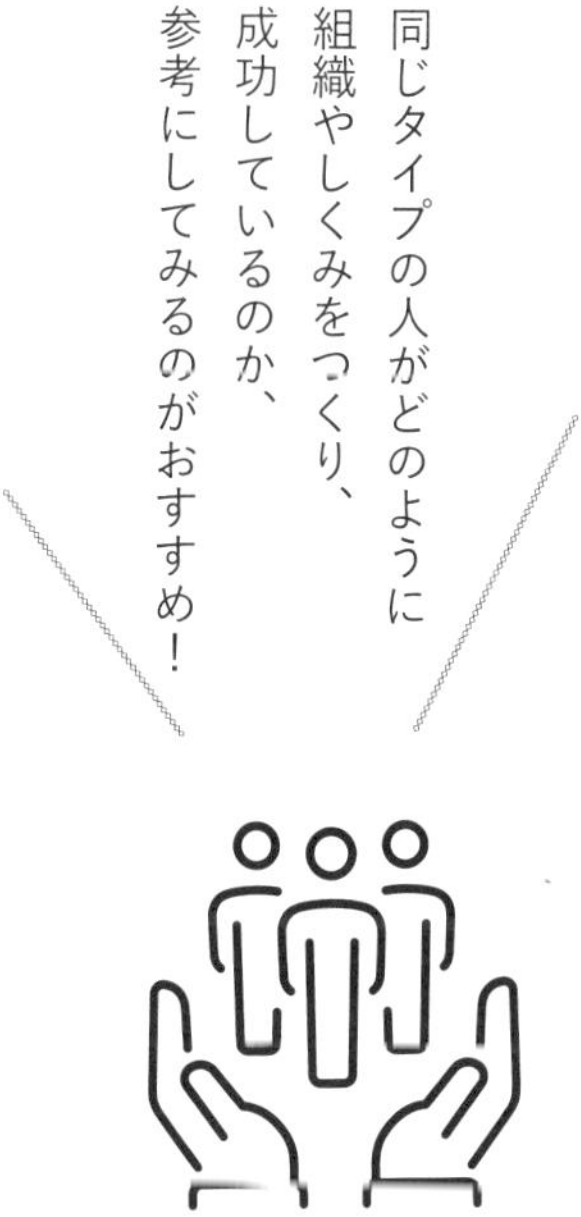
同じタイプの人がどのように
組織やしくみをつくり、
成功しているのか、
参考にしてみるのがおすすめ！

成功するしくみ化

最初に根本の問題を見える化する

状況を見直すときは、現状の把握に時間をかけましょう。

わたしのコンサルでは、状況の整理だけで1ヵ月かけることもありますが、その理由は、**しくみをつくる際には現状把握がもっとも大切**だからです。


売れる力がある人は、パワーである程度進めることができます。

ところが、目先の販売しか見ておらず、販売したあとの設計をきちんとしていないと、売れてもそのあとにまた困ったことが起こってしまいます。

同じ失敗を起こさないためにも、徹底的に原因を洗い出しましょう。

・いま行っていることが、最適な打ち手になっているのか？
・全力で走っているけれど、方向はズレていないのか？
・重要なほかのことが止まってしまっていないか？
・歯車の足かせになってしまっていることがないか？

こういった点を、ひとつずつ丁寧に見ていきましょう。

選択と集中をするための洗い出しから始める

現状の把握をしていくと、根本の原因が見えてきます。
もし、すぐに火消しが必要なことがあれば、そこから取り組みます。
見えたことを整理することはできても、しくみ化まではもう少し時間がかかります。

まず行うことは、選択と集中です。

たとえば売上が課題であれば、メインで売っている商品が適切なのかがポイントのひとつです。どれが一番売上が高いのか、一番利益率が高いのはどれか、集中して取り組むのはどれかという話をします。

商品開発担当者の意見を聞く必要も出てくるでしょう。

どの商品をメイン商品として販売していくのか。

新しい商品をつくったらどうなるのか。

いろいろな視点で見て、最適化を行う必要があるのです。**洗い出ししたものを最適化するために、どれに、どれくらい力を入れていくのかを考えます。**

選択して捨ててしまうのかどうかの判断もしていきます。

これらをすべて出していき、一歩ずつ取り組んで結果を出していきます。そして、結果が出たものをほかのスタッフも実践できるようにしていきます。

２年先３年先を考えてしくみをつくる

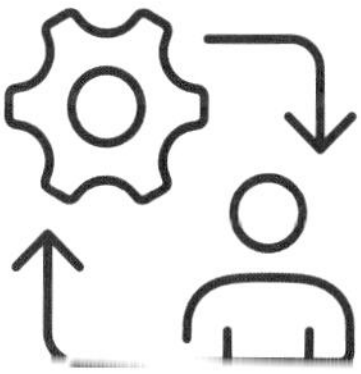

売れたあとのことを考えていますか？

コンサルをしていて気になるのは、商品を売ることに一生懸命になるあまり、２～３年後のイメージが曖昧になっている経営者が多いことです。

目の前のことに集中するのは、もちろん悪いことではありません。

短期的に売上を上げたり、自分の人生の自己実現に向けて動いたりすること自体は、とても大切なことです。

ただ、その先もビジネスを継続していくには、もうひとつ、売れ続ける視点の必要性にも気づいていただきたいのです。

せっかく必死にがんばっているのであれば、1年限りではなく、その先もきちんとまわっていたほうがいいですよね。

目の前のことだけでなく、将来を見据えて動くことも大切にしてください。

経営のしくみ化には丁寧に時間をかける

理想の人生にたどり着くには、しくみ化は重要です。

だからこそ、丁寧に、時間をかけてしくみ化していきましょう。

いままでの経験上、最初の目安は1年です。

取り組み期間が1年より短いと中途半端な結果に終わってしまいやすいので、わたし自身、現在は1年以上のコンサルのみお受けするようにしています。

もちろん、事業規模によっては1年以上かかることもあります。

年商３０００万円から1億円までの会社の場合、しくみの構築に半年・運用に半年という流れで1年間が目安です。

年商10億円規模の会社の場合は、最初の整理に３～４ヵ月かかることもあるので、その場合は優先順位の高いしくみを３ヵ月程度でつくり、その後順次、経営全体のしくみをつくっていくようにします。

しくみの構築は、最初に次のようなことを行います。

- 会社の状況を整理する
- 得たい成果や目標を明確にする
- 理念が適切か再検討する
- １年後、３年後の目標を明確にする
- 「選択と集中」で具体的に落とし込む

ここまで準備をして、ようやく運用がスタートできるのです。

年商1000万円の企業も年商1億円超えの企業も、10億円超えの企業も、最初に取り組むしくみの構築は同じ手順で行います。

ただ、これはある程度ビジネスが軌道に乗っており、もっと伸ばしたい企業向けの内容です。

すでに火の車になってしまっている企業が取り入れるのは難しいかもしれません。

火急の対応が必要な場合は、しくみ化の前に問題の対処に注力しましょう。

しくみ構築の最初のステップ

- ☑ 会社の状況を整理する
- ☑ 得たい成果や目標を明確にする
- ☑ 理念が適切か再検討する
- ☑ 1年後、3年後の目標を明確にする
- ☑ 「選択と集中」で具体的に落とし込む

↓

目安は1年間
しくみ化…半年
運用…半年

↓

丁寧に時間をかけてしくみ化しよう

経営のしくみ化には自然と人が集まり売れる商品が必要

集客力のある商品を持っていますか？

売れ続けるしくみをつくるには、商品の分析も大切な要素です。

あなたの商品は、人を集める必要がある商品ですか？
それとも、自然に人が集まり、商品を見せたら売れていく商品でしょうか？
当然ですが、**人が集まる商品にしておかなければ、売れ続けるしくみをつくることは難しい**でしょう。

わたし自身、商品をつくる際は、この視点を大切にしています。

魅力ある商品、サービスをつくる

魅力あるサービスをつくるには、縦展開・横展開の商品フローをつくる

魅力ある商品、サービスをつくるには、次のポイントを押さえておいてください。

- 独自性のある商品、サービスにする
- 質の高い価値が提供できるしくみをつくる
- 「問題解決→継続不安の解消→理想の人生の実現」を意識する
- 縦展開、横展開の商品フローをつくる
- リピートされる、高ＬＴＶモデルを考えるこれは、先ほどの商品づくりとつながっています。

基本的に、高単価でも販売できるしくみをつくりましょう。

低単価で大量に売るモデルは、資本力のある超大手企業ならうまくいきますが、多くの中小企業には難しいものです。

薄利多売ではなく、高くても売れるいい商品をつくることが大切です。

売れ続ける商品をつくり、商品を広げるマーケティング、販売セールスのしくみを整えていきましょう。

クライアントの理想の人生の実現に目を向けよう

多くの人は、

「クライアントのお悩みを解決してあげたい」

という視点から商品やサービスをつくっています。

（例）身体の痛みをとりたい

しかし、わたしの場合は、

「お悩みを解決した先にある、クライアントが本当に望んでいることを実現したい」

という視点で考えるようにしています。

（例）旅行に行きたい、好きなことをやりたい
　ずっと健康でしあわせでいたい

あなたは、日頃からクライアントの理想の未来をイメージしていますか？

これができるようになると、ビジネスを通じて一生のお付き合いができるようになります。

ぜひ、クライアントが本当に望んでいることをサポートする、魅力的な商品やサービスをつくりましょう。

実際に売れ続ける商品をつくる

クライアントの未来を見据えて商品を考えよう

ここで、わたしのビジネスを例に、売れ続ける商品のしくみ化についてお話しします。

わたし自身は、

「クライアントの理想の人生を実現する全体的なプラットフォームを提供したい」

という想いから、次のような商品設計をしています。

・経営のしくみ化コンサル、ビジネスコンサル、ビジネスコーチング
・健康コンサルタント、痛み解消、ダイエット

これらのサービスの共通点は、経営者の人生がうまくいくために必要な点です。
この視点から、売れる商品と売れ続ける継続商品を展開しています。

商品を増やす際はあれもこれも手を伸ばすのではなく、自分の強みを活かしながら、クライアントのためにできることを探すといいでしょう。

わたしが行っている健康コンサルのクライアントは、痛みがなくなったあとも、ずっと健康でいたいという希望があります。そのため、健康な状態をキープできるような継続商品も設計しています。

・１年に１回のメンテナンスコース
・何かあったときにすぐつながるホットライン

このように、クライアントの将来を見据えて商品をつくっていくことで、売れ続けるしくみができていくのです。

商品の縦展開・横展開でライフタイムバリューを上げる

複数の商品・継続商品ができると、商品の縦展開・横展開の商品フローや、高ライフタイムバリュー（LTV）モデルをつくることは難しくありません。

次の「高LTVを実現する」図で、購入後のリピートや紹介を考慮するフローを描いているので、イメージをつかむ参考にしてみてください。

高 LTV を実現する

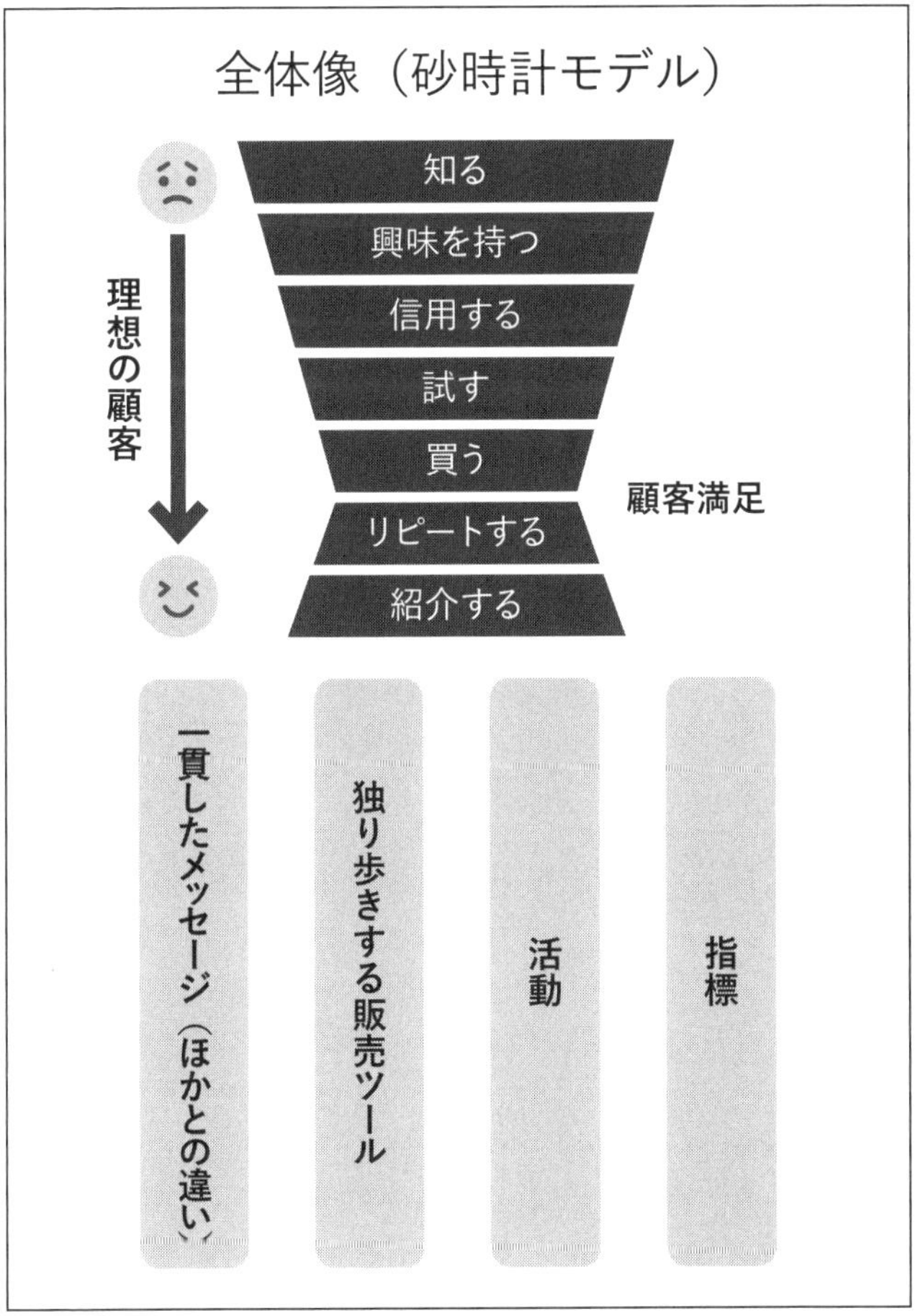
全体像（砂時計モデル）
知る
興味を持つ
信用する
試す
買う
リピートする
紹介する
理想の顧客
顧客満足
一貫したメッセージ（ほかとの違い）
独り歩きする販売ツール
活動
指標

縦展開・横展開の商品を複数つくる

商品の縦展開・横展開の、商品フローについても紹介しましょう。

次の図は、わたしの「腰痛解消コース」を、商品設計したものです。

図を見ると、同じ商品でも、縦展開では目的が少しずつ変わっているのがわかりますね。

●縦展開の商品（リピート商品）
・痛み解消3ヵ月
・再発防止3ヵ月〜12ヵ月
・筋トレコース
・教育コース
・メンテナンス

●横展開の商品
・ダイエットコース
・人生の目的コース
・ビジネスコンサルティング

このように、わたしは商品設計で「ビジネスコンサル・腰痛・ダイエット」という3つの大きな入口を設けています。

腰痛の入口から入った人がそのまま縦に進んで痛み解消の継続をしたり、ビジネスコンサルという横展開に進んだりすることもあります。

また、ダイエットの入口から入った人が和のダイエットコースからスタートして、腰痛やビジネスの横展開に移動するというケースも少なくありません。

このように、**クライアントさんがさまざまな商品を利用しやすいように、親和性の高いものを用意しましょう。**

商品設計

腰痛解消コース

1. 痛み解消　3ヵ月
2. 再発防止　3ヵ月～12ヵ月
3. 筋トレコース
4. 教育コース　自分で治せるように
5. メンテナンス　永遠にリピート
6. ダイエットコース
7. 人生の目的コース
8. ビジネスコンサルティング

和のダイエットコース

1. 和のファスティング　3ヵ月
2. 和のダイエット　3ヵ月
3. 筋トレコース
4. メンテナンス　永遠にリピート
5. 腰痛解消コース
6. 人生の目的コース
7. ビジネスコンサルティング

☑ リピートされるビジネスモデルで経営を拡大

ライフタイムバリューが高いビジネスモデルをつくる

ライフタイムバリュー（LTV）の考え方は、顧客生涯価値
「ライフタイムバリュー＝単価×リピート回数」
という計算式であらわすことができます。

計算式を見てわかるように、ここでは**単価だけでなくリピート回数も重要**です。
わたしたちの日常では、ライフタイムバリューの高いビジネスモデルはたくさんあります。

ここでは、参考までに2024年時点でのサービスと目安の金額もご紹介しておきましょう。

《ライフタイムバリューが高いビジネスモデルの例》
携帯電話　月5000～1万円
髪のカット・ネイルサロン　月5000～2万円
サプリメント　月5000～1万円
保険　月1～2万円
オンライン動画講座（12回講座）　月5～20万円
Zoom（コンサル・グループコンサル）　月5～30万円
ChatWork・LINE（サポート）　月3000～1万円

中小企業の場合、まず単価が高い商品を扱いましょう。その後、単価が低くても、長く継続しやすいものと組み合わせ、クライアントとの信頼を深めていくのです。継続した関係性を築けるようなしくみを考えていきましょう。

☑ 商品が売れるしくみから理念・組織を見直す

すべてを見える化する

繰り返しになりますが、経営のしくみ化には「共感される理念、売れる・売れ続けるしくみ、組織」の３つが必要です。

商品設計・理念の文章化・組織図というように、すべてを見える化しスタッフに共有してください。

売れるしくみから、理念や組織を見直すことで、さらにブラッシュアップすることもできるでしょう。

わたし自身、現在新しい組織のカタチを検討しています。

時代によって、求められるものが変わるので、定期的に見直して、柔軟に変化していくことが大切なのです。

そのためにも、理念を掲げ、自分の現状と望む未来をいつも明確にしておきましょう。

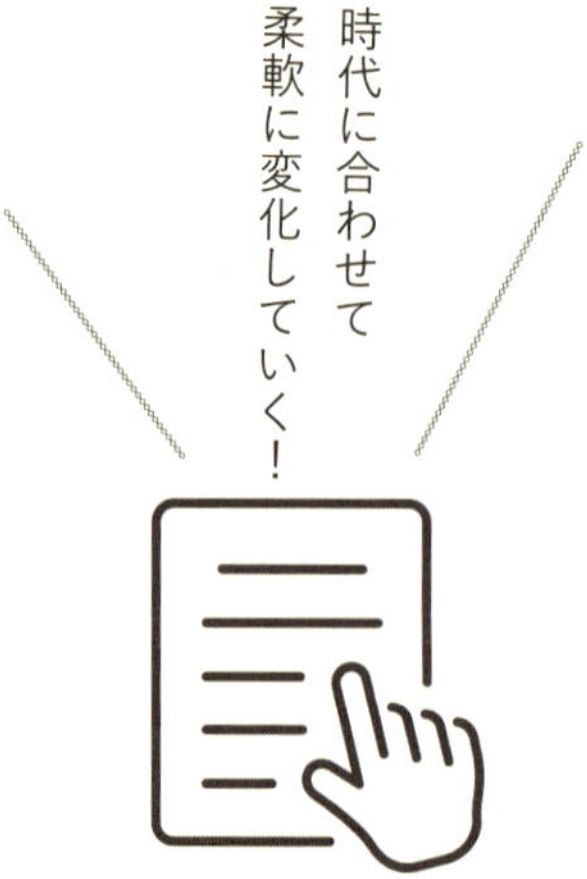

自走型組織
外注チームのつくり方

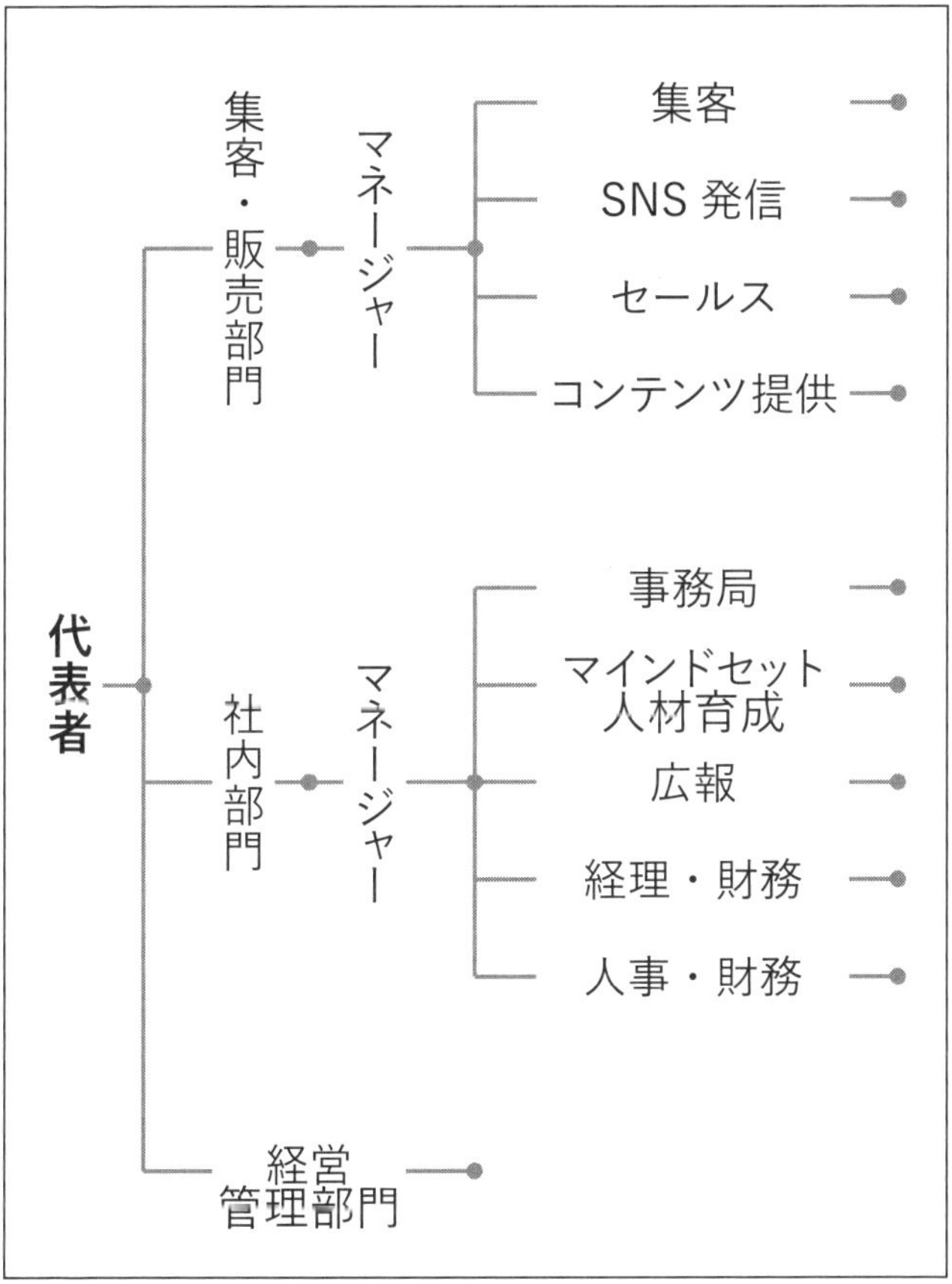

しくみ化とマニュアル作成はまったく別のもの

成功を複製することでビジネスが拡大していく

しくみ化の話や商品設計の話をすると、

「冷たそう」

「マニュアル化でしょ」

と言う人もいますが、これは大きな誤解です。

たとえば店舗経営のビジネスであれば、成果を上げている担当者がいれば、どのように仕事に取り組んでいるのか、うまくいくやり方を理解し、しくみ化します。

しくみ化ができたら、属人化されていた仕事が、ほかの人でも同じようにできるようになるのです。

そうすると、ほかのお店でもそのしくみを導入することで、成功していくでしょう。

これがしくみ化です。

しくみ化は、成功の複製と言い換えてもいいでしょう。

うまく複製することができれば、売上は倍々で増え、どんどん広がっていきますし、先人の知恵や経験を次世代に残すことにもなります。

自分を中心に物事を動かしていこう

自分のあり方がすべてに伝播する

物事の動かし方もしくみ化しておくと、思考が分散せず運営に移っていくことができます。

２５８ページのうずは、「自分から動いてまわしていくことによって、結果的にすべてがうまくまわる」という図になっています。

たとえば、**家族や友人のように、一番自分に近いところにいる人たちをうまくまわせない人は、全体をまわすことは難しくなりがち**です。

「家族は世の中の縮図」といわれるほど、人間関係の問題が起こりやすいものです。

家族を動かすことができれば、さらにまわりの人たちを動かす力もついていくでしょう。

あなたは、普段スタッフをどのように変えていくのかということばかり考えてはいませんか？

それよりも、経営者自らが変わり、動いていくことが大切です。

まず経営者が動くことで、結果的にまわりの人も変わっていくのです。

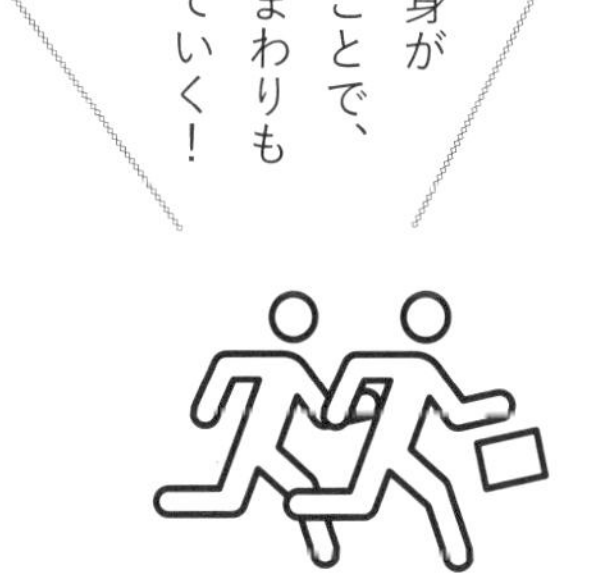
自分自身が
変わることで、
家族もまわりも
変わっていく！

物事を動かすしくみ

マネジメントは
自分を中心に
うずまきをまわす
お客様
業界
友人・知人
家族
社会
経営者
日本
職人
（専門家）
マネージャー
世界

日本人に合った自走する組織をつくろう

ティール組織も日本人向けにして取り入れよう

経営者が理念としくみに沿って動くことで、結果的に自走する組織にすることができます。

自走型の組織になると、売上が上がり、働く時間が減り、経営者が職人として働く必要がなくなります。

ある名古屋の会社では、経営者が現場に入らなくなった時間で新規事業を立ち上げ、会社全体で売上を伸ばしています。

その会社では、まだ日本では珍しいティール組織を取り入れ成功しています。

ティール組織は、元々自立心の強いアメリカで生まれた概念なので、日本でそのまま取り入れようとしてもあまりうまくいきません。

「みんなで自由にやりましょう」

と言われても、馴染みがないため、どうしたらいいのかわからないのです。

実際、名古屋の会社も前段階でしくみがあったことで、ティール組織への移行がうまくいきました。これは、新しいノウハウを取り入れる際の手順のよい例ですね。

わたしは、アメリカの健康メソッドの日本法人の代表取締役をしていた際に、文化の違いを強く感じ、日本人ならではの感情、気質を生かしたしくみをつくる大切さを学びました。

海外のものを日本に導入することを否定はしませんが、日本でうまくいくようにアレンジしながら取り入れていきましょう。

柔軟に変化できる会社が発展していく

集客や採用の人手不足は紹介で解消できる

少子化の進む日本では、人手不足が話題になっています。

ビジネスでは、人が減ることで集客や採用で人が集まらないという問題も起き始めているのです。


わたしは、集客と採用の問題を解決する方法が、紹介だと考えています。

また、スタッフが離職するたびに新しい人を採用するのではなく、そもそもスタッフが長く定着するしくみをつくれたほうが望ましいでしょう。

スタッフが定着すると、既存のスタッフからの人材紹介も生まれます。

紹介されるほど信頼される会社・経営者を目指すと、集客や採用の問題も解決していきやすくなります。

まずは、目の前の人から、丁寧に関わりましょう。

今回、本書で紹介をしている経営者たちは、全員紹介やリピートを大切にされていて、新規採用やSNS発信に追われていない方ばかりです。

リアルとインターネットを融合して会社を伸ばしていく

今後は高齢化社会がどんどん進み、AIが発展し、インターネットも進んでいくでしょう。

そのため、インターネットやAIといったデジタル要素を入れていくことは、これからの時代において絶対に必要なことです。

でもそれ以上に、インターネットとリアルの融合が今後の企業テーマになっていくでしょう。

わたしの関わる健康業界は、経営者もスタッフもクライアントも、インターネットに疎い人が多い傾向があります。

わたし自身、コロナを機にインターネットマーケティングを学び、SNSマーケティングも含めたマーケティングの知識やしくみのつくり方を身につけてきました。

しかし、中小企業ではSNSやAI、インターネットなどのデジタル要素への対応がまだまだ遅れています。

そのような人たちが**今後のネット社会を生き残るためには、リアルとインターネットを融合するサポートが欠かせないのです。**

これは、商品もしくみも組織も同じです。

時代に合わせて変化できるよう、柔軟性を磨いていきましょう。

自分の強みを活かしたサポートでクライアントを支える

ビジネスの成功は、商品の独自性が何よりも大切

成功している経営者の方々からお話を伺うと、どのビジネスも素晴らしく、その業界のなかで独自性の高い製品・サービスではっきりと差別化されていることがわかります。

大きなマーケットで、独自性の高い製品・サービスを打ち出すと、ビジネスは一気に伸びます。

わたしはその方程式を持っているため、ご相談を受けたクライアントのプロデュース面をサポートしています。

事業規模が大きくても、大切にするポイントや見るべきポイントは変わりません。「商品・理念・組織」を整えることを丁寧に行いましょう。

会社の規模にかかわらず、商品・サービスの独自性や優位性が高い企業ほど、経営のしくみ化を行ったあとの展開が早くなりますよ。

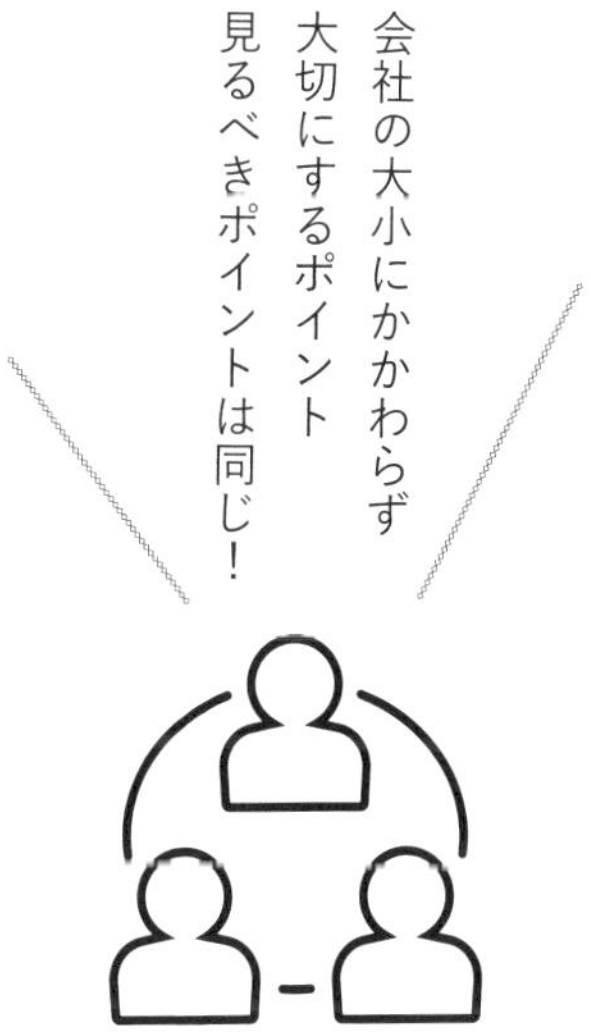

理念を浸透させれば経営者不在でも組織がまわるようになる

岩下　由加里

有限会社ファイブアローズ　取締役
介護事業をメインに、4つの事業所を運営。年商3億円（2023年）。トップ不在でも自走する組織づくりに成功し、M&Aをしながら現在年商100億円を目指している。

介護サービスで選択の自由を広げていく

介護事業でサービスつき高齢者向け住宅を提供しています。

法律では在宅扱いとなるので、高齢者の方にアパートのように部屋の賃貸契約をしていただいていますが、アパートのなかにはデイサービスや訪問介護事業所があり、介護が自由に受けられるようになっています。

ほかにも、外部の訪問診療のドクター、訪問看護、訪問マッサージなどのサービスも選べます。

このように**外部サービスを充実させて、選択の幅を広くしていることが、わたしたちの特徴**です。

「ここのサービスは嫌だ…」

「別のところにしたい」

と思ったときでも、自由に言えて選べる環境を整えています。

また、ベッドや車椅子なども介護保険で借りて入れているため、老人ホームの要素がありながらサービスの選択の幅がとても広い点が、入居している方とご家族にとっての魅力になっています。

従業員が自分で考えて動くしくみ化のモデルと出合う

「朝から晩まで現場にいたくない」

「でも良質なサービスをお客様に提供したい」

介護事業にかかわりながら、長年このような思いを抱えていました。

どうしたらこの矛盾を解決できるのかを考えた結果、経営全般のしくみ化で有名なマイケル・E・ガーバー氏のモデルに合い、いまの組織をつくりました。

出社せずに働きたかった理由は、起業する前の勤務状況に起因しています。

東京の在宅医療をメインとする医療法人で、雇われ副理事長の仕事をしていましたが、当時は副理事長とは名ばかりで、現場の仕事に入らないとまわらないほど人がいない状況だったのです。

給与計算もわたしがして、朝から晩まで仕事が続く日々…。

人は定着せずにすぐに辞めてしまい、泣きそうになりながら仕事をしていました。

理事長さんは質の高い仕事、医療の提供に力を注いでおり、制度設計に強い方でした。在宅医療の走りに取り組まれており、その点ではとても学ぶことが多かったのですが、一方で従業員の負担はとても大きかったのです。

その状況を変えるためにさまざまな学びを始め、マイケル・E・ガーバー氏の書籍『はじめの一歩を踏み出そう』（世界文化社）と偶然出合いました。

疲れ果てているときにこの本を読み、勤めている会社では本で書かれていることを行っていないから、これほどまでに大変なのだと気づいたのです。

残念ながら、**勤めていた場所では、理事長がガーバーモデルを取り入れないという方針だったので独立することになりました。**

しくみづくりは従業員のペースに合わせて進めよう

介護職員になる人たちは、しくみやマニュアルといったものがあまり好きではありません。

人間関係をとても大事にしており、人が好きという人がほとんどなので、わたしの望むスピードや方法で行うと「ついていけない…」と不安になったりしてしまいます。

そのため、従業員の皆さんに合わせてスピードを調整しながら、しくみ化を進めてきました。

現在も、あまり突き進みすぎないように気をつけて、試行錯誤しながら運営をしています。

しくみ化は、従業員の視点に合わせてやっていくことが成功のカギです。

わたしたちも、従業員を生かすようなしくみづくりを意識しながら取り組み続けています。

しくみ化で機能面も感情面もケアしていく

先ほどお伝えしたとおり、従業員はしくみやマニュアルと伝えると嫌がる傾向があります。

そのため、従業員の満足度を上げるために、とにかく話を聞くことを意識しています。役員たちに電話をしたり、会ったり、オンラインで話を聞いて、「大丈夫？」と気にかけることがおろそかにならないようなしくみをつくりました。

一方で、何の問題も解決していなくても、話を聞いてもらえただけで大変満足する人が多い傾向があります。

わたしからすると、「問題は解決していないよね…」という気持ちになるのですが、本人たちが、

「聞いてもらえるだけでとてもありがたいし、嬉しい」

と言ってくれる人ばかりなので、定期的に面談を実施しています。

面談でも機能面としてのしくみと感情的なフォローをバランスよく取り入れていることが、わたしたちの特徴です。

理念に沿って行動できるしくみをつくる

現在の理念は、社長である弟の「フェリーチェケアサービスをやりたい」という想いからつくられています。

フェリーチェとは、イタリア語で「しあわせ」という意味です。

わたしたちは「利用者も家族も働く職員もしあわせな介護を目指す」という想いで、フェリーチェケアサービスを提供しています。

会社創業と同時につくったこの理念を、しくみやマニュアルにどのように反映させるかをずっと考えてきました。

具体的には、**わたしたちは三者（利用者・家族・職員）にしあわせをもたらすことを常に目指しています。**

利用者と家族にとってはいい法人であっても、従業員に負担がかかっているケースは少なくありません。そこでわたし自身の経験も踏まえて、

「働く従業員もお客様と同じレベルで大切にする」

という教訓が生まれたのです。

何かあるたびに、

「それって、みんなにとってフェリーチェ？」

「わたしたちのフェリーチェは何だろう？　フェリーチェではないことが目の前で起こっていませんか？」

と質問し、ディスカッションすることを心がけています。

このような環境をつくることで、考えて動く習慣が身についていくのです。

理念に沿った意見はどんどん実現させる

フェリーチェという理念を実現するために、

「どうしたらいいと思う？」

と聞くと、従業員からたくさん意見が出てくるので、まとめてマニュアルに取り入れたりしています。

取り入れるときに一番意識しているのは、矛盾がないかどうかです。

従業員たちからは、

「こういう利用者さんがいます」

「スタッフにこういうものがほしいです」

といったさまざまなリクエストがくるので、予算の問題はありますが、可能な限り運営に反映させるよう心がけています。

実際に意見が実現化することで、従業員たちの意見も活発になり、自主的に動ける組織になっていくと思うのです。

理念は伝え続ければかならず浸透する

当社が掲げる理念に使われている、「フェリーチェ（しあわせ）」は、ふわっとした言葉です。

それは、「何をしあわせとするのか」をあえて明確にしていないからです。

でも、理念を現場のルール、手順、マニュアル、しくみにどのようにつなげるのかを常に考え、

「うちの会社はこうします」

「こういう商品・サービスに取り組みます」

と明言することを心がければ、はっきりとした内容として伝わり、浸透していきます。

みんなで議論できる環境づくりを経営者が意識しましょう。

もし矛盾しているところを見つけたら、

「おかしいよね？」

「では、どうしましょうか？」

とみんなで考えることで、理念への理解も深まっていきます。

理念の浸透には時間がかかりますが、浸透すればトップがいなくても安心してまわ

る組織に成長していきます。

そして、利用者・家族・職員にしあわせをもたらす会社づくりにもつながっていくのです。

このような会社が増え、社会全体のしあわせにつながることを願っています。

理念が浸透することで
利用者・家族・職員に
しあわせをもたらす会社になる！

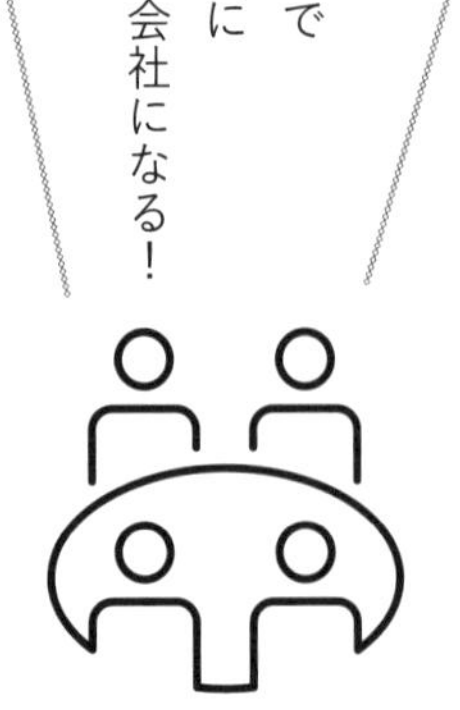

血の通う温かい組織でより多くのお客様に貢献していく

軸丸　翔

リプラスアジア株式会社　代表取締役

13社の経営経験があり、売却や統合を経て現在２社を経営。現在はタイに在住。広告運用をメイン事業とし、海外法人にて45名の組織でフルフレックス、フルリモート、フル業務委託を実現。利益年商は1.5億円、年間36億円の広告運用に携わっている。

組織の力でより多くの感動と希望を生み出そう

経営においてわたしが大切にしていることは、「会社という作品をみんなで一緒につくる」という考え方です。

芸術に置き換えてみてください。

芸術は、世の中の人がその作品を見て感動を覚えたり、希望を持てたりするものです。

たとえば、ダビデ像のような名作をひとりでつくってもいいのですが、それではあまりたくさんのものを生み出すことはできません。

でも、組織であれば、人々に感動と希望を与えるものを、より多く手がけることができるでしょう。

わたしは、会社組織でそれを実現したいのです。

お客様にとって、わたしたちの仕事はあくまでもひとつの手段でしかありません。

ですから、専門分野が違う人たちと、皆さんの生活も大切にしながら、「ひとつの作品をつくるので、力を貸してください」というスタンスで、仕事に取り組んでいます。

お客様に希望を感じていただきたい

先ほどもお話ししたように、会社のコアバリュー（大切にしている価値観）は、商材を通して、お客様に希望を感じていただけることです。

そのためにも、わたしたちはホスピタリティも大切にしています。

相談に訪れるお客様は、広告でのお悩みや、ビジネスでつまずいて大変な思いをされている方が多いため、病院のようなイメージでお客様の対応をしているのです。

そしてお客様に希望を感じていただき、何か持ち帰っていただけることをとても意識しています。

しくみで組織を大きくする

以前は、理念が大切だとは聞いていましたが、当時のわたしにはそこまで大事なものとは思えていませんでした。

そのため、会社のコンセプトやコアバリューはあっても理念はつくっていなかったのです。

ところが、まだスタッフが5名ほどで組織をどう大きくするか考えているときにマイケル・E・ガーバー氏のモデルを知り「これだ！」と感じたのがきっかけで、組織づくりに採用しました。

ガーバーモデルのコアバリューの考えでは、社長が大切にしている価値観を軸に、しくみやマニュアルなどを通じて会社の細部に宿らせていく考え方が、わたしのなかでとても腹落ちしたのです。

いまでは、**理念としくみを常にブラッシュアップし続け、社内の勉強会や全社会議のタイミングでみんなに共有しています。**

理念や価値観を定着させる

理念としくみを常に
ブラッシュアップ

↓

社内の勉強会や全社会議の
タイミングでみんなに共有

↓

大切にしている
価値観を
会社の細部に宿らせる

理念をつくったことで組織のレベルが上がり自由度が増した

はじめて理念とコアバリューをつくったときは、とても時間がかかりました。何度もつくり直したので、最初ゼロから考えていた時間を合わせると、おそらく2ヵ月はかかっています。

最後は2週間ほどお寺で座禅を組み、完成させました。

このコアバリューをひねり出すまでに、とても時間がかかったのを覚えています。

このとき、**わたしが普段行っている業務をより多くの人に広めるには自分の時間的なリソースに限界があると感じていたので、広めるためには組織化しかない**という思いもありました。

現在は「さあ世界を驚かせよう」というキャッチコピーを掲げています。

世の中をいい形で驚かせていくしくみをもっと広めたい気持ちを絶対にぶらさない

ように、考えました。

ひとつの成果をみんなでつくっていく、とコミットして取り組んでいます。

スタッフの生活も大切にしたいので、基本的に求めていた成果が出たらそれ以上のことは求めないようにしています。

時間的拘束をしていないので、たとえばハワイから「今日ワーケーションしています」と連絡が入ることも多々あります。

これが、よい仕事につながっていくのです。

理念があることで血が通う組織ができる

理念やコアバリューを持たずに働くと、軸がないので何のために働いているのかよくわからなくなってしまうでしょう。

わたし自身、以前は自分の時間に血が通っていなかったと感じています。

わたしたちも、いいときばかりではなく大変な時期もありました。

おかげさまで現在は回復しましたが、**理念やコアバリューがなければ、苦しいときにスタッフさんやクライアントさんが一緒にがんばってはくれなかったかもしれません。**

スタッフの人数が増えてきたときには、意識の統一ができず、お客様対応がずさんになっていたはずです。


また、軸がなければ生きている感じも失ってしまうかもしれません。

わたしは、自分がおもしろいと思えることができなければ死に様はあまりよくならないと感じているので、いまを精一杯生きたいと思っていますし、スタッフにもそうであってほしいと願っています。

ガーバーモデルからティール組織をつくっていく

社員一人ひとりが主体的に動けるティール組織をつくりたい経営者は大勢いますが、移行することは簡単ではないでしょう。

会社を無機物ではなく、血が通った場所にするには血液が必要です。ガーバーモデルの理念がなければ、ティール組織をつくっても手が離れたときに、血が通った対応が難しくなるかもしれません。

まずは、ガーバーモデルから始めて、役割分担で自分のポジションが明確になる状態をつくりましょう。

組織の土台ができてからティール組織に変化していくと、自由度がアップしてもまわりの人と連携しながら大きく突き抜けていくことができます。

理念は経営者が「これ」と思うものにする

これから、理念にもとづいた経営を考えている人は、ぜひ自分自身に立ち返ることを大切にしてください。

経営者自身が腹落ちしていない状態で理念をつくっても、あとでボロが出てしまいます。

普段の自分の生活の端々から、理念やコアバリューが受け取れるような状態でないと、誰も実行してくれません。

最初にしっかりと時間をかけてつくりましょう。

わたし自身は、一番大事にしていたことが腹落ちしてようやくコアバリューや理念をつくることができました。

かなりの時間をかけて、自分のなかからひねり出したという表現が一番合っていると感じています。

自分と向き合い、自分自身が一番納得できる内容で、「絶対にこれ」というものをつくりましょう。

月イチ旅で自分と向き合う時間をつくろう

経営者には、自分と向き合うための環境が必要です。

旅はとてもいいですよ。

本書で紹介されている月イチ旅（転地）は、自分と向き合うのにぴったりです。

日常からすべてシャットアウトして自分ひとり、単独で行いましょう。

リラックスできる環境で、何もせずにぼーっとしたり、お風呂に浸かって考えたり、座禅を組んだりして取り組むのはいかがでしょうか。

必要を感じたら、インプットする時間があってもいいものです。

散歩する時間をつくったり、あまりお話しすることもないお坊さんと話してみたりすると、少し思考が変わってくることがあります。

自分に余暇がないと、新しいことは生まれません。

経営者の仕事の一環として、普段にはない刺激をつくりましょう。
多くの人の感動を生む会社が増えることを願っています。

理念は
自分と向き合う時間をつくり
一番納得できるものに！

第6章

成功する経営者の時間術

成功するために「毎月旅する生活」を目指そう

成功するには、成功者の真似が一番！

成功者になるためには、成功者の法則があります。

尊敬する人のよいものは、どんどん真似て吸収していきましょう。

わたしの師匠は、

「人生をうまく行かせたいのなら、毎月旅行に行きなさい」

と教えてくれました。


同じ場所にいると、人はいつの間にか視野が狭くなるので、旅をして場所を変えることが大切なのです。これを「転地」といいます。**旅行をすることで脳や身体や心が刺激され、新しいアイデアが浮かぶようになり、ビジネスも成功していきます。**

当時、わたしが旅行に行くためにアドバイスされたことは3つだけでした。

1　毎月旅行に行くためのお金と時間をつくること
2　自分が旅行に行っても、会社がまわるしくみをつくること
3　旅行に行くことに、社員やお客様から応援してもらえる環境をつくること

このアドバイスを元に、どうしたら実現できるのかを真剣に考えた結果、旅行でビジネスと人生を豊かにしていく「転地」と、わたしの本業である「健康法」と「ビジネスのしくみづくり」をかけ合わせた「月イチ旅」というメソッドが誕生したのです。

「日常の繰り返し」では、忙しさに流されやすくなる

思考に流されていませんか？

いまはリモートワークも増えてきましたが、いつも自宅や会社にいると思考だけで物事を考えるようになり、直感力やフィーリングが弱くなってしまいます。

・思考
…いままでの経験で培ってきたことを元にした頭の声
・フィーリング

…感覚。本来、自分が感じている心からの声

頭の声は、現実的なことを伝えてくれますが、

「これは難しい、失敗するかもしれない」

というブレーキになってしまったり、

「とにかく目の前のことを解決しなくては…」

と、目先のことばかりに意識が向いたりすることもあるので、注意しましょう。

経営者こそ、フィーリングを大切にする

多くの経営者が、この思考（頭の声）ばかりになってしまっています。

でも、**目の前の忙しさに追われながら未来のことを考えたり、明るい発想をしたりすることは難しい**のです。

実際、以前わたしが大きな組織を経営していたときは、毎日が目まぐるしく
「このままではいけない、どこかで切り替えなくては…」

と感じながら、うまく切り替えることが難しい状態でした。

でも、月イチ旅に出向くようになったところ、同じような場面でも

「まぁいいか」

「この案件はちょっと置いておこう」

というように考える心のゆとりが生まれるようになったのです。

その結果、**焦って対処しなくても問題にならないこともあるのだと肌でわかっていき、優先順位をつけられ、時間を味方にできるようになっていきました。**

人は自分の心の声を先に聞くことで、人生がうまくいくようになります。

月イチ旅を実施することで、思考とフィーリングをうまく使い、視野を広げ、ビジネスを拡大させながら人生を豊かにしていきましょう。

「環境」が変わると、人は変われる

人は、自宅に戻ると元に戻る!?

人は残念ながら、自分の意志だけで変わることは、なかなかできません。

日々の忙しさに流されている状態を変えたいとき、リセットしたいときは、「身体思考・環境」のいずれかを変える必要があるのです。

ただ、人は生まれながらの特質や、長年にわたり染みついた考え方、行動のパターンなどを持っています。

そのため、思考や性格を変えるのは、なかなか難しいものです。

また、思考、感情には、「自宅に帰ると戻る」という性質があるので、いいセミナーで変化が起きても帰宅すると元に戻ってしまいます。

自宅や会社などにいながら変えるのは、非常に難易度が高いでしょう。

そこで、もっとも簡単で有効な手段が、環境を変える月イチ旅（転地）です。

場所が変われば、脳が変わります。

脳が変われば、自然に思考や身体も変わります。

月イチ旅をするだけで、簡単に自分を変えることができるのです。

どんなに素晴らしい経営者であっても、毎日が同じ繰り返しでは、気づかないうちに視野が狭くなり、気づかないうちに軸がずれてしまう可能性があります。

ですから、意図的に月イチ旅をして、環境を変えていつも新鮮な思考でいられるようにしましょう。

「時流に乗る」or「時流に流される」あなたはどっち？

自分の行きたい方向に舵をとって、時流に乗ろう

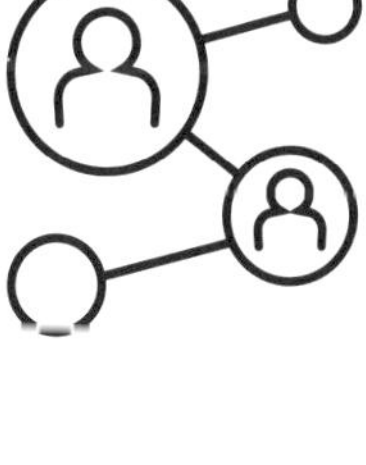

時流に乗っていることと、時流に流されていることの違いはなんだと思いますか？
川の流れのなかにいると、その先に分かれ道があるのかどうかもよく見えません。
そして分かれ道の先には、崖や濁流が潜んでいる可能性もあるのです。
自分が流されている場合は、そのまま崖から落ちたり、濁流に巻き込まれたりしてしまいます。

そうではなく、危険を避け、自分の行きたい方向に舵を切っていくことが、流れに乗るということなのです。

流れに乗るには、定期的に川岸に上がって、自分の位置と流れの先を確認することが大切です。

日常のなかにいては、冷静に先を見ることはできません。

そのため、一度、日常（川の流れ）から離れたところで、自分の位置と行き先を冷静に見つめましょう。

以前は、わたしも多くの経営者さんと同じように、休日に仕事のメールや電話が入ってきたら、そのまま対応していました。

でも、これでは、心も身体も日常のペースから離れられないのです。

仕事を完全に切り離し、身体と心と脳をリセットするために、ぜひ月イチ旅を取り入れましょう。

月イチ旅を有効活用する成功者の法則とは？

月イチ旅では「3つの柱」を意識しよう

せっかく月イチ旅をするのであれば、「3つの柱」を意識して、効果を最大限高めていきましょう。

【月イチ旅の3つの柱】
①日常の歯車から意識を外す。視点・視野・視座を変える
②身体・脳・心を整える
③身体・脳・心がリセットされた状態で、戦略を考える

日常は、同じことの繰り返しになりがちです。

でも、それでは脳が活性化しにくくなってしまいます。

日々の積み上げだけでは、ビジネスが飛躍的に伸びることもありません。

たとえば、アメリカは日本とはまったく違う文化ですから、旅行に行くと見えるものすべてが新鮮です。

たとえ**海外でなくても、国内で違う土地に足を運ぶことで、その土地の文化、その土地の人たちの生活感に触れ、新しい刺激を受けることはできます。**

その結果、脳が活性化され、新しいアイデアが生まれやすくなるのです。

ここが、月イチ旅の大きなポイントです。

月イチ旅には、7つの効果がある

月イチ旅で、ビジネスもプライベートも変わる

月イチ旅を習慣にするようになると、長期的な視点が身についていきます。

視点が変わることで、いままで見えていなかったものが、見えるようになります。

そうすると、先手先手の対応ができ、日々を穏やかに過ごせるようになっていくでしょう。

わたしの尊敬する経営者の方が

「旅行に行くとうまくいく」

と言っていたように、月イチ旅には大きく7つのよい効果があるといわれています。

①ビジネス（お金の循環）がうまくいく
②人間関係がうまくいく
③自分軸が持てる
④視座が変わり、視野が広くなる
⑤身体と心と脳がリセットできて、整っていく
⑥思考の枠を外せる
⑦自分を客観的に見られる

ぜひ、**月イチ旅を習慣化し、ビジネスも人生も豊かにしていきましょう。**

仕事をしない、インターネットも見ない時間をつくる！

月イチ旅では、日頃の仕事に関するものに触れないようにしよう

ここまでの話を聞いて、

「毎月とはいかなくても、定期的に旅行しているから大丈夫」

と感じている人もいるかもしれません。

ところが、ただの「旅行」になってしまっているケースも少なくありません。

わたし自身、尊敬する経営者の方から
「原則として旅行中は仕事をしない、インターネットも見ない！」

と言われたときは、そんなことができるのかと驚きました。

でも、成功したいのであれば、成功の法則に沿って動くことが大切ですので、いまは仕事を持ち込まないようにしています。

たとえば、**旅行中のSNSも当日にはあげないようにしましょう。**

臨場感のあるSNS投稿をすることを大切にしている人もいますが、せっかく月イチ旅に出向くのであれば、現地でしか味わえない空気感をゆっくり味わうことも大切だと思うのです。

マインドフルネスを取り入れて、身体と心を整えやすくしよう

月イチ旅の過ごし方には、いくつかのワークの型がありますが、わたしは、マインドフルネスや呼吸法を取り入れるようにしています。

アメリカの本場でマインドフルネスを学んだり、有名なお寺で禅を学んだりしてき

ましたが、どちらも本質は同じです。

たとえば、滝を見に行ったら、その場で「ぼ〜っとすること」で、空気、時間の流れ、場の雰囲気を味わいます。

自分の頭を空っぽにして、日常とは違うリズムで進む時間を味わい、身体と心を整えるのです。

最初は考え事が浮かんできてしまうかもしれませんが、その都度、意識を切り替えてぼ〜っとしてみましょう。

月に1回、このような時間をとることで、人のパフォーマンスは激変します。できれば数日時間をとって、しっかり心身を休ませてください。

忙しくしている経営者ほど、効果がわかるはずです。

☑ 時間の使い方を整えよう

突発的なことでいつも予定が崩れていませんか？

月イチ旅に行くためには、当然ながら時間が必要です。

日々追われている人は、旅行の時間をつくるところから始めましょう。

じつは、この時間管理が一番重要なポイントなのです。

残念ながら、**多くの経営者は時間に追われていて、優先順位もつけられず、時間を有効に活用できていません。**

わたしは先日、急なお誘いがあったので、時間を調整して山のなかで畑の手伝いを4日間してきました。

もし、このように突発的な何かが起こったとき、あなたは4日間の時間を確保できるでしょうか？

多くの場合、ほかの業務がすべて止まってしまうでしょう。

これは、以前のわたしも同じでした。

「急な対応」でどんどん予定が崩れていってしまうのです。

月イチ旅の時間を先取りで確保しよう

経営者こそ、時間をどのように使っていくのかが重要です。

意識して時間を先取りしてみましょう。

リーダーシップ分野の権威ロビン・シャーマ氏が、「タイムリーダーシップ」という表現を書籍のなかで用いていたので、わたしもその言葉を使っています。

タイムリーダーシップは、時間を味方にするしくみをつくることです。時間管理とは違い、時間を先取りして考えていくのが特徴です。

まずはタイムリーダーシップで、月イチ旅の時間を確保するところから始めましょう。

最初は予定を立てることにも時間がかかるかもしれませんが、慣れてくるとコツがつかめてきて、短時間でできるようになっていきますよ。

☑ タイムリーダーシップで時間の使い方を変えよう

時間を自分で先取りすることでコントロールする

ロビン・シャーマ氏の「タイムリーダーシップ」を知ってから、わたしも時間に対する考え方が変わりました。

以前：「自分が時間の使い手になる」という考え方
↓
現在：「時間をリードしていく」という考え方

タイムリーダーシップでは、次のようなことに取り組みます。

- 3ヵ月先まで予定を組む
- 自分との約束を優先し、ほかの予定を入れない
- 好きなことから予定を入れる
- 大切なことから予定を入れる
- 月イチ旅をする
- 自分ひとりの時間をつくる
- 時間をブロック分けする

いかがでしょうか。
時間の使い方が変われば、人生も激変します。
ぜひ、できるところから取り入れてみてください。

自分との約束は優先するクセをつけよう

自分の時間を人に譲っていませんか？

せっかく予定を調整して自分のために時間を過ごすと決めた時間でも、仕事やお誘いがきたら、ほかの人とのアポイントを優先して、埋めてしまう人が大勢います。

わたし自身が、まさにこのタイプでした。

月イチ旅という特別な時間でなくても、日々の生活のなかで、
「今日はこれをしよう」
「この時間にこれを考えよう」

という自分の時間を削ってはいませんか？

自分との約束の時間は、ただの空き時間とは違います。

でも、多くの経営者はその貴重な時間を譲り、相手のために使ってしまうのです。

もしかしたら、自分の時間は、ほかの予定との調節時間だと思ってはいないでしょうか。

そうではなく、**自分との時間も同じように大切にしてほしい**のです。

自分の時間を確保するために、まずは「ほかの人の予定を入れない」というルールを設けてみましょう。

時間のブロック分けで脳への負担を減らそう

脳の特性に合わせた時間の使い方をしよう

時間を有効に活用するには、脳の特性を活かしたスケジュールを立てることが大切です。

人間の脳は、右脳と左脳で役割が違います。

そのため、わたしたちの仕事内容は、左脳を使う仕事と右脳を使う仕事に分けることができるのです。

まず、どのような分類分けになるのか考えてみましょう。

・思考的な仕事（左脳寄り）
戦略・戦術立案、会計・経理、データ分析、教育・研究、プロジェクト管理など

・感覚的な仕事（右脳寄り）
ヒアリング、セッション、講師、ライティング、デザインなど

1日のなかで左脳的なことと右脳的なことを交互に行うと、脳に疲労が溜まりやすくなります。

そのため、**「左脳を使う仕事の時間」と「右脳を使って仕事をする時間」というようにブロック分けをすると、脳のパフォーマンスが上がりやすくなる**のです。

右脳と左脳を計画的に使おう

ブロック分けは、１日のなかでも、１週間のなかでも分けることができます。

・１日で分ける場合
午前：思考的な仕事（左脳）
午後：感覚的な仕事（右脳）

午前中は、思考を使って考えることに向いているので、戦略・戦術立案や経理対応やスケジュール管理などに当てると時間を有効に使えます。一方、午後は右脳でできることを行います。コンサルやセミナーなどの時間が合っているでしょう。

・１週間を前半後半で分ける
月火：感覚的な仕事（右脳）
水木：思考的な仕事（左脳）

脳の特性を知ることができれば、年間計画・売上計画から日々の生活まで、脳の特性に合わせた時間の使い方も可能です。

忙しい経営者だからこそ、このように、少しでも脳への負担を減らすことも検討しましょう。

人にとって時間は24時間と決まっていて、増やせないとても重要なものです。ぜひ有効に活用できるように、タイムリーダーシップを身につけてください。

時間をブロック分けするとは

●脳を効果的に使うには脳の特性を理解したスケジュールが大切

●脳は、右脳と左脳があって、業務によって使う脳が違う

●思考的な仕事（左脳寄り）

・戦略・戦術立案、会計・経理、データ分析、教育・研究、プロジェクト管理など

●感覚的な仕事（右脳寄り）

・ヒアリング、セッション、講師、ライティング、デザインなど

☑ プロジェクトは「同時に3つまで」と制限をつける

力が分散しすぎないようにする

同時並行で複数の案件に取り組んでいると、やるべきことが分散しやすくなります。とくにプロジェクトに関わっている人数が多いと、仕事はどんどん分散してしまいがちです。

じつは、わたし個人も分散してしまう傾向があるのでとくに気をつけるようにしています。

具体的には、新規のプロジェクトにあれこれ関わるのではなく、「同時に3つまで」

と制限を設けるなどの、しくみをつくっています。

わたしの場合、３つ以上の新規プロジェクトに関わると、結局時間がなくて中途半端になってしまうからです。

人によって、関われる数に違いがあるので、自分のキャパシティを考え、いくつまでなら新規プロジェクトを同時に対応できるのか把握しておきましょう。

このようなこともしくみ化しておくと、思考が分散せず、会社はどんどん大きくなっていくはずです。

時間の使い方を変えてステージを上げよう

経営者が苦手な5つのポイントとは?

月イチ旅は、経営者が苦手な5つのポイントを乗り越えるきっかけになります。

【経営者が苦手な5つのポイント】
- 時間管理
- スケジュール化
- 継続、習慣化
- 逆算思考
- 自分の枠を超える

この５つは、経営者の９割が苦手としていることです。

ビジネスがうまくいかない理由も、この５つが原因になっているケースが多々あります。そのため、この５つを克服できたら、生産性も売上も上がっていくでしょう。

人の成長のステップを知る

次の図は、人の成長のステップをあらわしています。

「知る」と「できる」の間には、「わかる」というプロセスがあります。

そして、「知る」と「わかる」の間には、とても大きな壁があるのです。

それが「実践」です。

新しい知識を得ても、それをわかって実践できるようになるには、時間とお金がかかります。

実際、知っただけで「わかった」と言う人の多くは、いざ実行しようとしてもできません。人はできるまで試行錯誤するプロセスを経て、進化していくのです。

人の成長のステップ

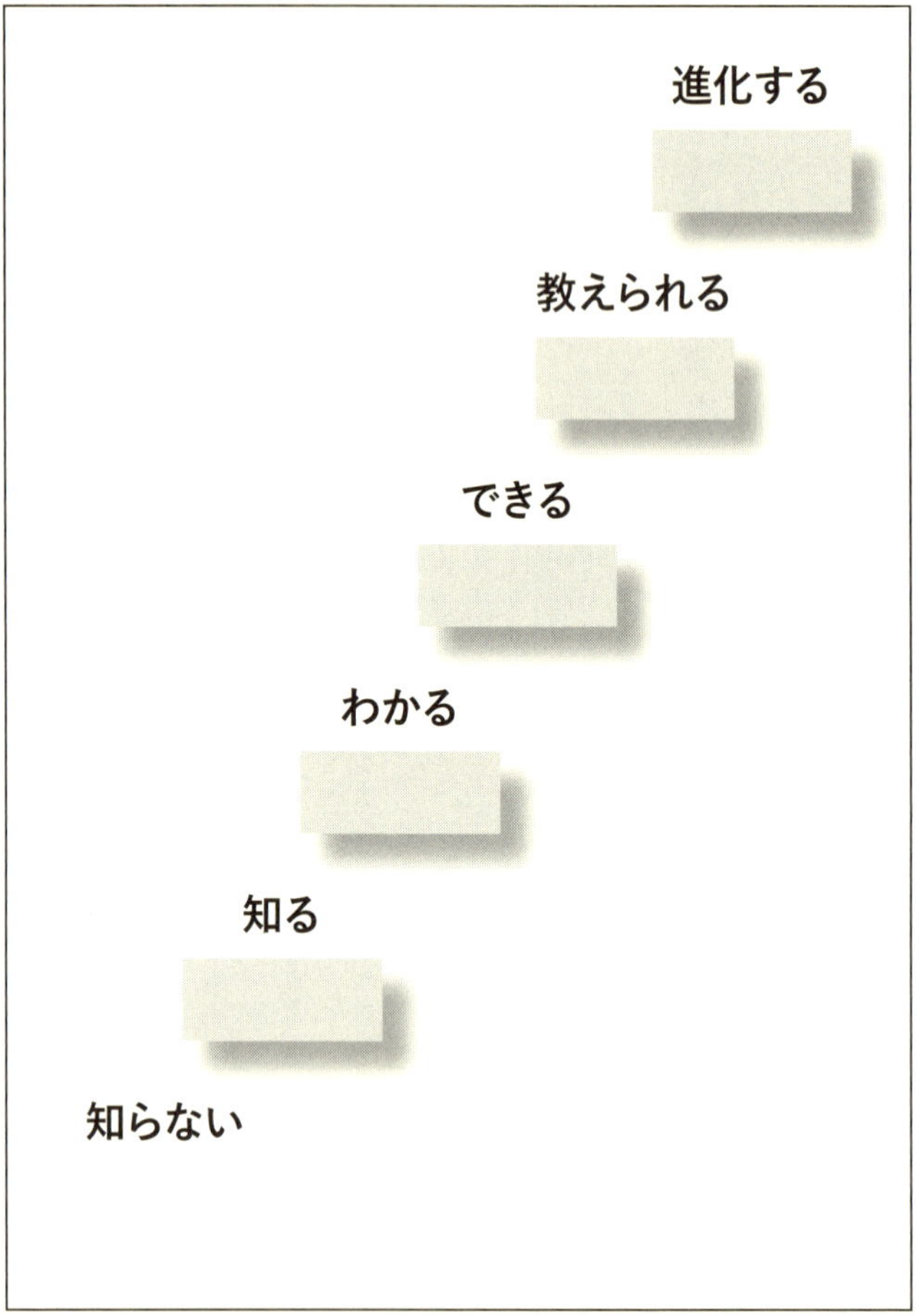

時間をかけすぎずに「わかる」「できる」ステージへ上がろう

本書の内容を実践する場合、進む道は2つあります。

> ①時間やお金をかけてコツコツと取り組み、5～10年かけて行う方法
> ②現在結果を出している人からやり方やノウハウを学び、短期間で次に進んでいく方法

どちらの方法を選択するのかは、ご自身の選択次第です。

わたし自身はコツコツと時間をかけて取り組んできたタイプです。

ここまでくるのに多大な時間とお金を使っているので、もっと早く知りたかったと思うことも多々あります。

ですから、ほかの人には、時間をかけず次のステージに進んでほしいと願って、コンサルサポートをしています。

成功するには、成功の法則に乗るのが一番の近道です。

ぜひ、取り入れてみてくださいね。

☑ 時間の使い方から組織を変えよう

月イチ旅が自走する組織をつくる

そもそも、時間の使い方がずれている経営者の多くは、組織があってもうまく機能していません。

それを改善するには、スタッフ一人ひとりに動いて実践してもらうことが一番です。

月イチ旅は、そのきっかけづくりにもなります。

経営者が不在のときも組織がまわるようにするには、どうしたらいいのかを考え、月に1回実践してみましょう。

2024年5月に沖縄で行った月イチ旅合宿では、3日間「デジタルデトックス」を行いました。

このときは、ハードルが上がらないように、現地についてからおすすめしたのですが、参加者の3分の2の人が実践し、

「意外と大丈夫でした」

「ちょっと問題が起きても、スタッフが対応してくれていました」

といった声をいただきました。

経営者だけでなくスタッフにも月イチ旅をすすめよう

月イチ旅を実践してみると、しくみの構築が進みます。

繰り返していくうちにスタッフにも自信がつき、どんどん経営者が不在でもうまくまわるようになっていくでしょう。

3日間ほどトップと連絡をとらなくても問題ない組織を目指して、まずは1日空け

るところから始めてみてください。

そして、**経営者だけでなく、スタッフもそれぞれ1週間不在にしていても問題がないようにしくみをつくっていきましょう。**

経営者もスタッフも月イチ旅を行うようになると、お互いに協力体制が整っていきますよ。

組織に月1回の旅行の文化を浸透させよう

月イチ旅をきっかけに年間の予定を立てよう

定期的に月イチ旅の時間をとる

毎月の旅行の日程にも、尊敬する経営者から教わった秘訣があります。

- 年に1回は、1週間（6泊7日）の旅行をする
- 年に4回は、2泊3日の旅行をする
- 残りの7回は、1泊2日で旅行をする

とはいえ、すぐに実行するのが難しい経営者も多いでしょう。

そんなときは、まず2時間や半日の外出から始めてみるのがおすすめです。近くのカフェや図書館など、普段とは違う、ひとりになりやすい空間に足を運んでみてください。

1日休みがとれるなら、日帰り温泉もいいでしょう。ランチを食べて、ゆっくり温泉につかってください。

大切なことは、定期的に月イチ旅の時間をとることです。始めてみると、**時間を活用する力がつき、時間に追われる生活から脱却できます**。

月イチ旅の予定と事業計画を一緒に立てる

月イチ旅は、3ヵ月ほど前から予定を組みましょう。可能であれば、年間の計画を立てるのが理想的です。

わたしは、クライアントに月イチ旅を年間で計画することをおすすめしています。

このとき、会社の年間計画も一緒に考えましょう。

たとえば6月決算の会社であれば、6月で締めて7月から新しい期が始まります。

そのため、わたしは7月に1年間の半分の売上が上がるように計画を立てていきます。

決算のタイミングはとても重要です。もし、6月決算の会社で5月に大きく売上が上がったとしても、それは来期にまわせません。

決算に合わせて、年間でどこに売上の波をつくるかを計画しましょう。

第7章

月イチ旅で、もっとビジネスを拡大させる

月イチ旅を定着させて、ビジネスを右肩上がりに

取り入れ続けることで、リズムが変わる

月イチ旅を毎月、連続で行い6年が過ぎ、おかげさまでビジネスも右肩上がりになってきています。

電子書籍『月イチ旅で年商1億円』（Kindle出版）を出版してからは、多くの方から声をかけていただくようになりました。

旅をおすすめしている方はたくさんいらっしゃいますが、皆さん、旅先で仕事をしたり、仕事の連絡をとったりするのが当たり前です。

前途したように、**月イチ旅は、仕事をせず・仕事の連絡をとらず、完全に身体も脳もリズムを変えることを推奨しているのが大きな特徴**といえるでしょう。

本書では、わたし自身が実践し、主宰もしている初心者向けの合宿の流れをご紹介します。

ぜひ、旅行の際に、一部でも取り入れてみてくださいね。

エネルギーを上げる

エネルギーを上げるための月イチ旅

ビジネスも人生もよくするには、自分から発信をすることが大切です。

ところが、**自分のレベルが高くなければよい発信は広がりません**。

このレベルを数値としてわかるようにしたものが、「エネルギー」です。

これは、デヴィッド・R・ホーキンズ博士が、『パワーか、フォースか：人間のレベルを測る科学』（三五館）という本で紹介した人間の意識レベルの話を参考に作成しています。

エネルギーと感情の関係

レベル	感情	エネルギー
悟り	表現不可能	700-1,000
平和	至福	600
喜び	静隠	540
愛	崇敬	500
理性	理解	400
受容	許し	350
意欲	楽天的	310
中立	信頼	250
勇気	肯定	200
プライド	嘲笑	175
怒り	憎しみ	150
欲望	切望	125
恐怖	心配	100
深い悲しみ	後悔	75
無感動	絶望感	50
罪悪感	非難	30
恥	屈辱	20

うまくいきやすい（200以上）

うまくいきにくい（175以下）

参考『パワーか、フォースか：人間のレベルを測る科学』
（デヴィッド・R.ホーキンズ博士・三五館）

じつは、**言葉や感情にもエネルギー（振動数）があり、うまくいく人ほどエネルギーが高い言葉を使っていて、うまくいきにくい人ほどエネルギーが低い言葉を使っています。**

表を見ると、わたしたちが普段感じている印象とほぼ同じではないでしょうか。

- ・うまくいきやすい人：エネルギー（振動数）200以上
- ・うまくいきにくい人：エネルギー（振動数）200以下

エネルギーを上げるには、マインドとスピリチュアル的なアプローチだけでなく、身体のアプローチがとくに重要です。

エネルギーは、身体から上げていく

人が本来の最高の力を発揮するには、ボディ、マインド、スピリット、この3つのバランスが必要なのですが、母体は身体です。

身体の状態をよくすると、マインドとスピリットが自然に上がります。
逆に言うと身体に不調があると、エネルギーも下がります。
だからこそ、身体から上げていくことが大切なのです。

人が力を発揮するのに必要な3要素

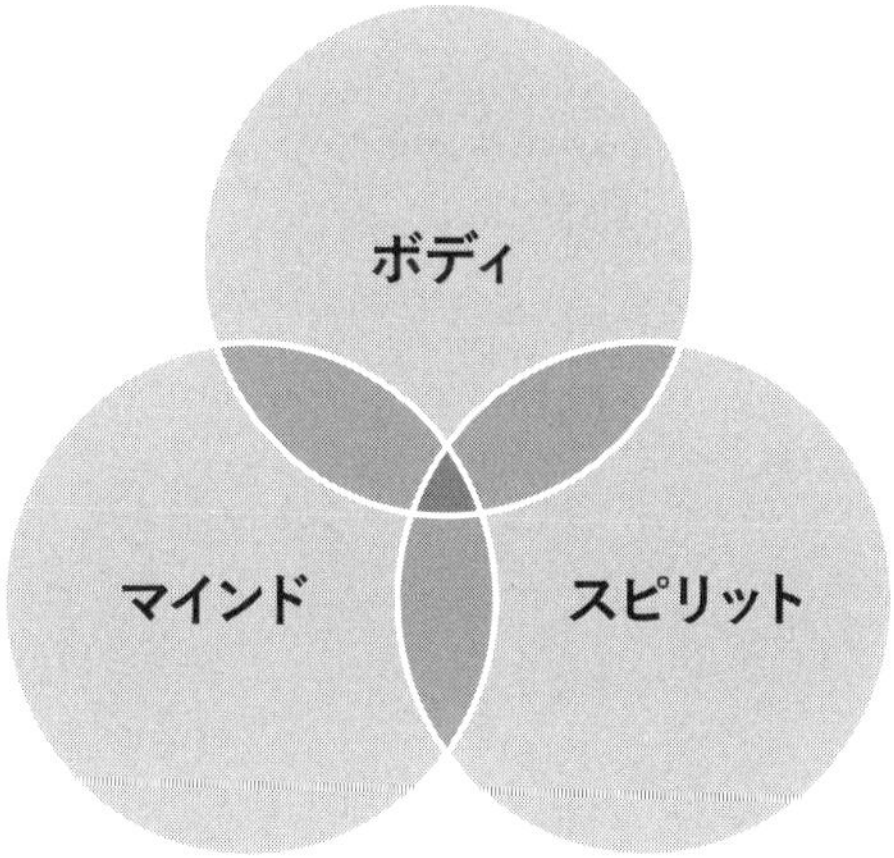

エネルギーを上げるには、
ボディが重要

エネルギーが高いボディの特徴は、大きく2つあります。

1 細胞がきれい
・デトックスされていてアルカリ性の状態をキープしている
2 姿勢が整っている
・機能的
・流れがいい

この2つを体験してもらうために、月イチ旅では身体のケアも大切にしています。
このあと詳しく紹介していきますが、**ぼ〜っとする時間をつくり、身体を動かし、美味しいものを食べて、心身を心地よくすることでエネルギーを上げていきましょう**。

日々の忙しさで心身のリズムやバランスが崩れてしまっている人も、身体を整えることで、本来の力が発揮できるようになっていきますよ。

エネルギーが高いボディの条件

1. 細胞膜がきれい

●デトックス

●アルカリ化

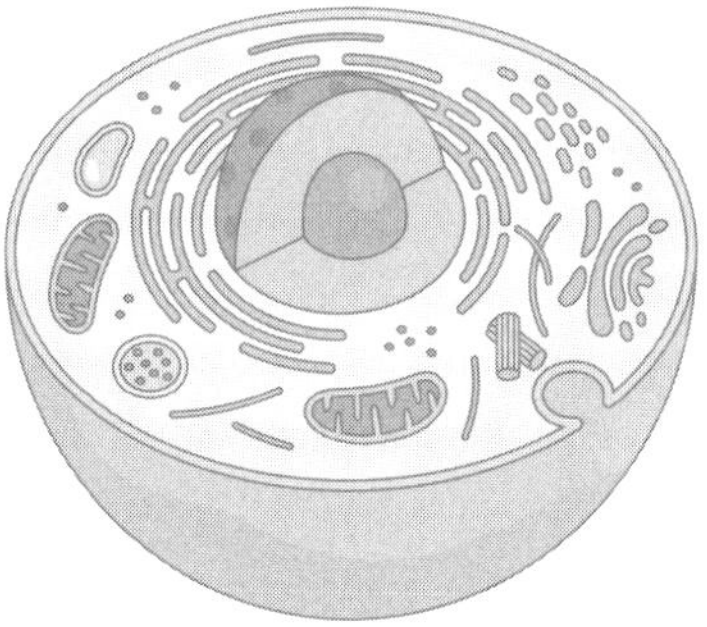

2. 姿勢

●機能的

●流れがいい

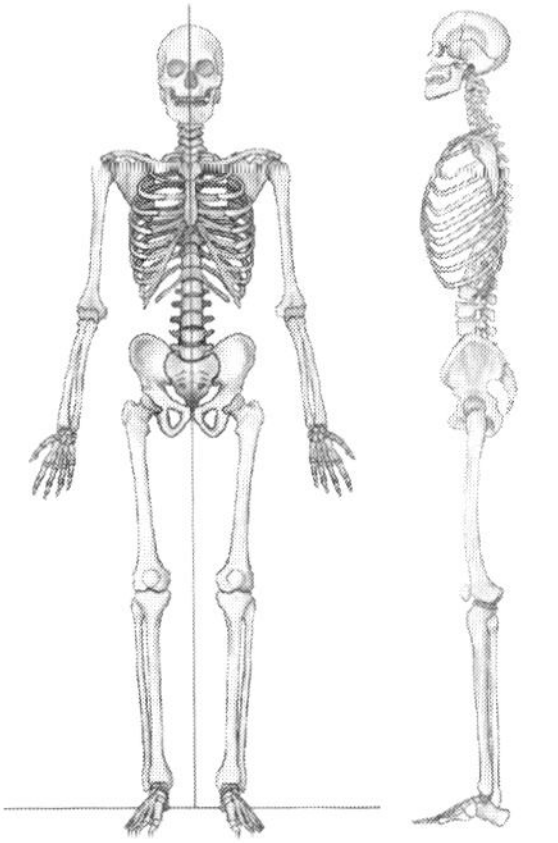

月イチ旅ならではのリセット術

静的アプローチ・動的アプローチ・ゼロ化をバランスよく行う

心身をリセットするために、おすすめのワークもご紹介しましょう。

月イチ旅で行うワークには、大きく分けると「静的アプローチ」「動的アプローチ」「ゼロ化」という3種類があります。

・静的アプローチ
温泉、マッサージ、森林浴、静的エクササイズ
・動的アプローチ

ウォーキング、ハイキング、シュノーケリング、サウナ、動的エクササイズ
・ゼロ化
呼吸法、マインドフルネス

心身を休めるもの、高めるもの、心を落ち着かせてゼロに戻すもの、という分類です。

人間は、朝日が昇っている間に一番エネルギーが高くなるといわれているので、できれば朝日が昇る前に始め、昇っている間にワークを行えると理想的です。

ひとりの時間をつくる

ワークをする際は、ひとりになれる時間と場所を設けてください。

ゆっくり落ち着いて考えたり、内観できたりする状態をつくりましょう。

定期的に自分をリセットし・アップデートすると軸がずれなくなるので、本当に大切なことを見失わなくなります。

月イチ旅ワークに必要な要素

1日のタイムスケジュール例

月イチ旅でよりよい効果が出るように、わたしの1日の過ごし方を例にあげて解説しましょう。

「身体を整えること」と「市場のリサーチ」の両方を行っている、2泊3日の「2日目」の日程です。

旅行・出張・セミナーなどの移動がある機会に、ぜひ、取り入れられそうなところから試してみてください。

①朝・午前中（ウォーキング、エクササイズ、呼吸法、瞑想など）
・朝日を見られる時間から始める
・身体と心を整えてから、ひとりで戦略ミーティングを行う

朝は脳が活性化しているので、考え事をするには最適な時間です。考える際は、脳が最適な状態であることが望ましいですよね。ですから、その前に、身体を動かし、呼吸法や瞑想などで脳を整えましょう。

②昼（視察・外に出かける）
（例）
・人が集まる人気の場所やお店の視察をする
・なぜ、そこに人が集まるのか？
・集まるしくみは何なのか？
・その土地を活かした、独自の手法は何なのか？

・ほかとの違いは何なのか？
などのビジネスに役立つ質問をする
・地元のものや旬のものを味わう
（野菜、魚介類、調味料、お酒などなんでも◎）

昼間も歩いてまわることが、身体の健康にもつながります。
お店や観光地の散策、その土地にあるお城めぐりなどもいいでしょう。
山の上にあるお城に向かって「歩く」ことは、健康にもよいのでおすすめです。

③夜ご飯（お昼と同様）
・地元のものや旬のものを味わう
・人が集まる人気の場所やお店の視察をする
・お昼に出かけたら夜はのんびり過ごす

④夜
・呼吸法、瞑想（ぼ～っとして、ただ感じることがポイント）
・読書
◎マンガや小説、軽めの自己啓発の本など、リラックスして読めるもの（１～２冊）
×ビジネス戦略など硬い本はＮＧ

いかがでしょう？
ポイントは、五感を使って心身をリラックスさせることです。
あえて、ぼ～っとする時間をつくり、心身を整えていきましょう。

月イチ旅で、自分の見える化をしよう

自分の感覚に目を向けよう

普段から忙しくしている方ほど、月イチ旅の最初は、ぼ〜っとする時間が落ち着かないかもしれません。

そんなときは、視点がまわりの人に向いていて、自分のことが見られていない状態になっているのではないでしょうか。

月イチ旅の時間では、自分が何を感じているのか五感に目を向けてみましょう。

元々人は、自分のことは自分でわかりにくいものですから、まず自分の見える化を行ってみてください。

自然のなかで感じたことや日常で感じたことなどを観察して、見える化していくことで、自分のことが客観的に見えるようになっていきます。

1　「感→観」　感じることを自分で観察する
2　「知→記」　自分で知ったことを紙に書く
3　「見→観」　自分の見たことを観察する

この方法は、わたしが友人のセラピストから教わったものですが、目でわかるようになると、自己理解が進むようになります。

月イチ旅の波動の高い状態で、自分の見える化を行うことで、自分の個性も発揮しやすくなっていくはずです。

月イチ旅で思考の枠を外す

日本の常識は、世界の非常識!?

月イチ旅で大切なことは、自分の枠を外すことです。

わたし自身、アメリカに行って実感したことなのですが、日本の常識は、想像以上に、ほかの国では通用しません。

でも、外に出なければそのことに気づけないのです。

多くの経営者と話していると、経営者が常識だと思っていることが、じつは本人や

ビジネスに制限をかけていて、成長を妨げているケースが多々あります。
ですから、**自分の枠を外すこと、業界の枠を外すこと、自分がいる普通というものの枠を外すことが非常に大切**なのです。

自分の持っていた枠に気づくと、それ以降、とても人生がラクになり、ビジネスもうまくいきます。

わたしが提唱している月イチ旅も、枠を外すためのひとつの方法です。
自分が取り入れやすいものをうまく使って、自分の枠を外していきましょう。

1日目は心身のリセットから始めよう

心と身体で感じるものに目を向ける

ここからは、はじめての方向けの月イチ旅合宿をもとに、2泊3日の過ごし方をご紹介しましょう。
時間をかけてしっかり取り組んでみたい方は、この流れに沿って予定を立ててみてくださいね。

まず、1日目は、最初に自分の感性を豊かにするところから始めていきます。

・きれいな自然に触れたり見たりして、感性を解放する
・身体をリラックスさせたり、動かしたりする
・その土地の繁盛店、人が集まる場所に行く

このように、**自分の身体と心で感じているものの幅を広げて、視座を高くしていくことを意識して過ごしましょう。**

デジタルデトックスに取り組む

1日目は、まず身体と心と思考をリセットすることが大切です。

【1日目のポイント】
・美味しいものを食べる
・動的アプローチ：ウォーキング、ハイキング、動的エクササイズ
・静的アプローチ：温泉、マッサージ、森林浴、静的エクササイズ
・デジタルデトックス

これまでもお伝えしたように、合宿では、デジタルデトックスは現地に着いてから提案します。


まず1日だけ、難しければすぐにやめてもいい、と決めてやってみると、

「意外と大丈夫だった」

「やってみるととってもよかった」

という体感ができて自信もついていきます。


旅先で、どうしたらデジタルデトックスができるのかを考えるのもおすすめです。

最初から無理と決めつけずに、ぜひ取り組んでみてください。

2日目は朝の時間を充実させよう

ひとりの時間を満喫する

2日目の一番のポイントは、午前中の過ごし方です。
身体と心と思考を整えて思考のワークを行いましょう。

【2日目のポイント】
・朝日を見に行く
・散歩、エクササイズなどで身体を動かす
・呼吸法、マインドフルネスで身体と心を整える

わたしたちの脳は、夜よりも朝のほうが新鮮な状態です。

脳の内にある老廃物やさまざまな考え事などは、夜寝ている間に処理されているので、朝目覚めたときに、一番脳内がキレイになっているのです。

そのうえで、少し身体を動かしてから、思考のワークを始めましょう。


沖縄の合宿では、朝日を見に行きました。

残念ながら朝日は見えなかったのですが、

「うぐいすのきれいなさえずりが聞こえてきて、それだけでも気持ちがよかった」

という感想をいただいています。

このような時間をとることで心が豊かになっていきますよ。


エクササイズや瞑想などは、外で行うのが難しい場合、朝日を浴びて屋内に戻ってきてから取り組みましょう。

午前中に思考を使ったワークをしよう

朝食後は、思考のワークを行います。

月イチ旅は、午前中にこの時間を設けることがポイントです。

【おすすめの思考のワーク例】
・バランスホイール（ゴールドビジョン）
・ビジョンと戦略の再考、マーケティングの設計
・視座を高めるワーク、自分の人生の目的の確認

ワークは3つすべてでなくてもかまいませんので、ゆったりリラックスした状態で行いましょう。

バランスホイールで最高の状態をイメージしよう

バランスホイールは、8つのジャンルを設定し、「各項目で、最高の状態だったらどうなるか」を考えていくワークです。

多くのメソッドは、選択と集中で、「行動」をひとつに絞って考えてしまいがちですが、**バランスホイールは、まず思考の枠を広げ、可能性を最大化していくのが特徴**です。

・人生において、大切にしたい8つのジャンルを決めましょう
(例)健康・社会貢献・お金・教養・趣味・友人・家族・職業など
・〇〇年後の最高の未来を描き、率直に書き出します
・書き出したものを見て、最高の人生を生きるために何が大切なのかを考えます

フィードフォワードで理想の未来を実現する

フィードフォワードも、思考拡大していくことにとても役立つワークです。

フィードフォワードは、未来へのワクワクした気持ちを言語化して具体的にしていくメソッドです。

「振り返り」のように、マイナス面を見たり、反省や耳の痛い言葉が出てきたりしないので、月イチ旅ではとくにフィードフォワードをおすすめしています。

> フィードフォワードでは、
> 「これからどうしたいですか？」というシンプルな質問を繰り返していきます。

未来を意識し、未来に働きかけることで、自分もまわりも無理なく自然に成長していく、シンプルなのに効果的な技術です。

過去への質問や振り返りを一切しないので、変化のスピードが速いこれからの時代にとても合っている考え方といえるでしょう。

フィードフォワードもバランスホイールも、脳科学者の久野和禎さんのメソッドです。

ぜひ、自分の時間をつくって未来について考えてみてください。

バランスホイール見本シート

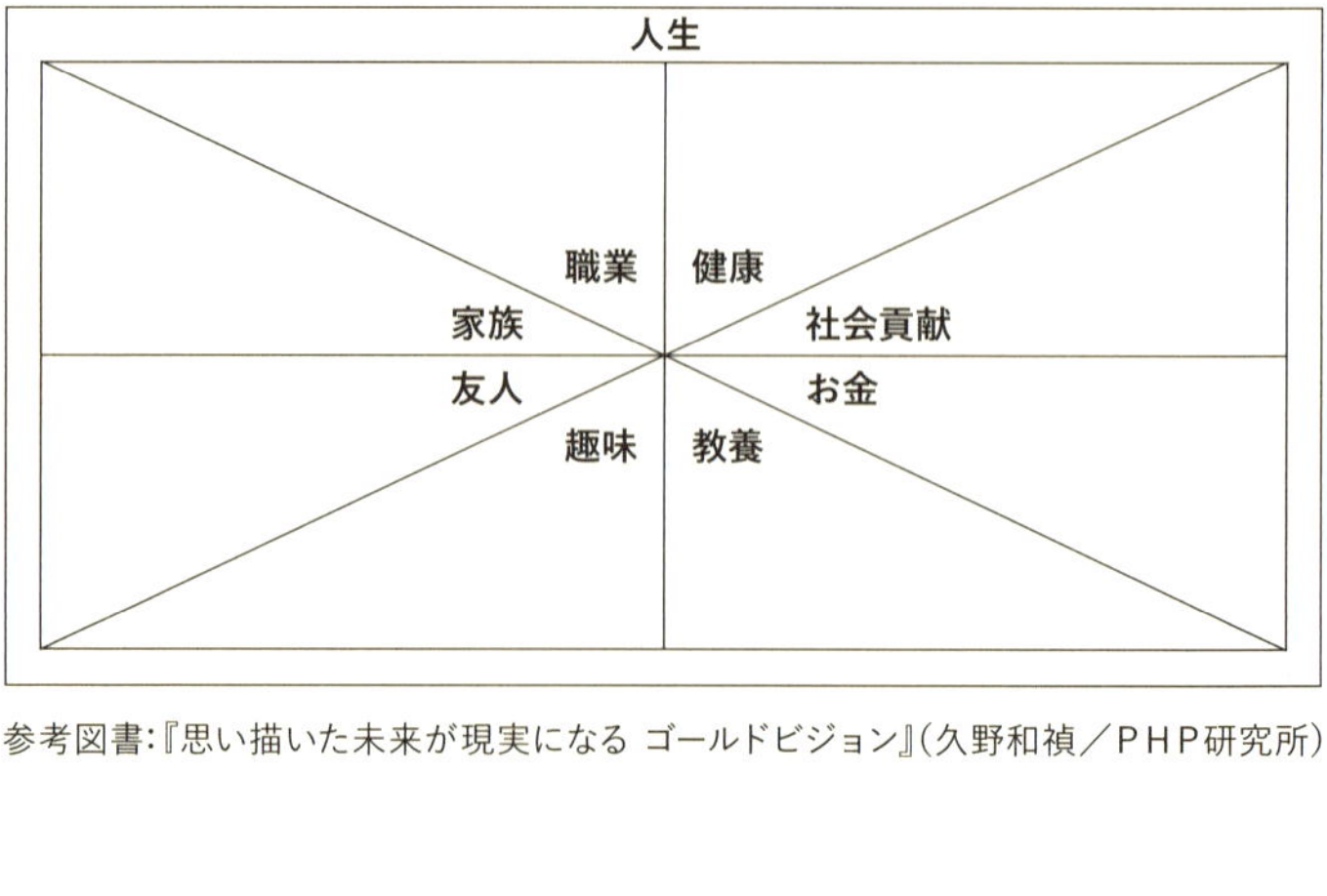

参考図書:『思い描いた未来が現実になる ゴールドビジョン』(久野和禎/PHP研究所)

視座を高めるワークで自分の枠を外そう

多くの経営者は、

「目の前のクライアントをよくするにはどうしたらいいか？」

「会社の売上を伸ばすにはどうしたらいいか？」

という個の考え方を中心にして動いています。

半年に1回か1年に1回は、月イチ旅で心身がリフレッシュした状態で、自分の視座を上げる時間を持ちましょう。


視座を上げるワークでは、自分の「個」という枠を外すような問いかけをします。

「自分が日本をよりよくするにはどうしたらいいか？」

「自分が世界をよりよくするにはどうしたらいいか？」

「自分が宇宙をよりよくするにはどうしたらいいか？」

そのほかに、次のような質問もしてみてください。

・「同業他社がよくなるには？」
同業他社がよくなると、業界がよくなり、社会がよくなり、日本がよくなっていきます。身近なところから拡大させていくことで、視座を高める訓練になるのです。

・「売上を100倍にするにはどうしたらいいか？」
100倍にしようとすると、日常の延長線上ではなく、新しい突き抜けたアイデアが必要になるので、枠が外れやすくなります。

視座を高めるワークを行うと、SNS集客などの日常の細々した仕事に流されにくくなり、自分が本来行うべきことに集中できるようになるのでおすすめです。

☑ 3日目で学びを熟成させる

熟成させる時間をとる

合宿の3日目はのんびり過ごしながら、2日間で考えたことを熟成させましょう。

【3日目のポイント】
・ぼ～っとする時間をとる
・ワークなどで考えたこと、感じたことを味わう
・浮かんできた新しいアイデアをメモする

セミナーや講座などの学びを大切にしている経営者も大勢いますが、学んだらすぐに仕事に戻ってしまうという人も多いのではないでしょうか。

月イチ旅でも、最終日に仕事をすると、思考が一気に日常に戻ってしまいます。**最後に自分ひとりの時間を持つことで、さらに学びを熟成させ、アイデアを深めることができるのです。**3日目は、あえてゆっくりする時間を持ちましょう。

沖縄の合宿では、朝日を見たあとに砂浜でエクササイズと瞑想を行いました。人間は姿勢が整うと脳のホルモンの分泌が変わり、エネルギー（振動数）も上がるので、エクササイズはおすすめです。

自分の心と身体が整うと、日常からアイデアがひらめきやすくなりますよ。

デジタルデトックスを取り入れよう

デジタルデトックスは不可能ではない

月イチ旅の大きな特徴が、デジタルデトックスです。

最初から完璧を目指す必要はありませんが、徐々に会社と連絡をとらなくても会社がまわるしくみ・組織をつくっていきましょう。

それは、月イチ旅の実現だけでなく、組織のレベルアップやお客様へのサービス向上にもつながっています。

万が一のときにも困らないよう、あえて経営者が不在の時間を設けましょう。

わたしがコンサルをして1年以上になるある経営者の方は、月イチ旅合宿に参加して、

「わたしがいなくても仕事がまわっていて、『もう大丈夫なんだ』と実感できました」

と話してくれました。


社内組織のしくみ化の結果を知るにも、実際に離れてみることが必要なのです。


合宿に参加した方たちは、事前準備をしていなかった人も多かったのですが、半数以上の人が、

「予想していたよりも離れることができた」

「思っていたよりも大丈夫だった」

と感じられていました。


気持ちの切り替えができれば、経営者はもっと自分の時間をつくることができます。

ぜひ、月イチ旅をそのきっかけにしてみてください。

日頃から連絡の仕方を工夫してみよう

月イチ旅の時間以外でも、日常で少しデジタルデトックスをするのもおすすめです。

わたしたちはひとり一台携帯電話を持つ生活をしているおかげで、いつでもどこでも連絡がとれる環境になりました。

インターネットやSNSにも、簡単に触れられます。

自分からの連絡はコントロールしやすいものですが、人から連絡があったときは、「すぐに返さなければ」と思い、自分の時間を削ってしまっているケースもあるのではないでしょうか。

しかし、その日をどう過ごすのか決めていたのであれば、連絡の返信についても上手に折り合いをつけていけたほうが理想的ですよね。

わたしの場合、現在は返信の時間を決めて対応しています。

朝の物事をよく考えたい時間には返さずに、昼や夜の少しゆったりできる時間帯に返信をするのです。

このように時間を決めることで、連絡に追われることがなくなり、さらに時間の使い方がブラッシュアップできるようになります。

事前に相手に伝えておくことでトラブルを防ぐことができる

返信の時間を決めると、自分を優先しているようで抵抗感を感じる人も多いかもしれません。

しかし、経営者の考える時間は、自分個人だけでなく、会社やクライアントへの価値提供のブラッシュアップにもつながっていくことです。

もちろん、緊急の連絡には対応する必要がありますが、一度線引きをしてみると、これまでわからなかった優先順位がつかめるようになってくるはずです。

見てすぐに返事ができないときは、先に「いいね」や「ハートマーク」だけの返事をしておくなど、自分なりに工夫してみてください。

相手に失礼な対応をすることなく、自分の時間も大切にできるか、バランスを考えていくことが重要です。

月イチ旅を実行するときも、デジタルデトックスも、自分がどのような考えで行うのか、あらかじめお客様にもスタッフにも説明しておきましょう。

取り組みを理解してもらうことで、トラブルを避けることができますよ。

☑ 月イチ旅に行くことを共感・応援してもらえる人になろう

スタッフの理解を得られていますか？

どんなにいいしくみをつくっても、それを実行してくれるのはスタッフ一人ひとりです。

周囲の人から、取り組みの理解を得られないと、

「うちの社長は、何をしているんだろう…？」

「ひとりで出かけて、いつも連絡がつかない…！」

「社長だけいいな～」

というような不満が溜まってしまうこともあるかもしれません。

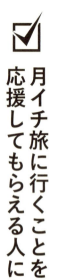

そうならないためにも、**経営者が月イチ旅をすることが、スタッフにとってもメリットになるように還元**してください。

たとえば、月イチ旅の際には次のようなワークを行うことも、共有するといいでしょう。

・地方のよいビジネス例などを視察する
・ひとり戦略ミーティングをして、今後の方針を立てる
・スタッフにも月イチ旅を推奨する

「月イチ旅」をする文化を組織に根づかせるためには、こういったことを丁寧に共有していくのがおすすめです。

月イチ旅をスタッフに強制する必要はありませんが、

「こんなことをしているんだな」

と理解してもらえるような環境をつくることが大切です。

家族に応援してもらえるような工夫をしよう！


月イチ旅をする際は、家庭内への説明もとても重要です。

パートナーや子どもに
「ひとりだけいいな～」

「ずるいな～」

と思われないような工夫をしましょう。

・金沢に行ったらカニを買うなど、出張先のお土産を買う
・数回に一度は、家族と一緒に行く機会をつくる

こんなふうに、ぜひバランスをとってくださいね。

Q&Aでわかる
月イチ旅の取り入れ方

Q　毎月旅行して本当にビジネスがよくなるの？

A　月イチ旅の必要性は体験することが一番！

現代の人は、思考を使うことに慣れているので、つい思考から納得できる答えを求めてしまいます。

でも、日常のなかで、月イチ旅のような時間をとることをほとんどの人がしていません。

そのため、説明を受けても、

「なぜ、生活のなかに取り入れる必要があるのだろう？」

「本当にビジネスがよくなるの？」

と効果があるものなのか疑問に思う人もいるでしょう。

ところが、**体験するとよさがわかります。**

実際に半信半疑で合宿に参加した方から、
「自分の枠を外し、感じることで見えてくるものがたくさんあるのだとわかりました。これから月イチ旅を取り入れていきたいと思います」
という嬉しい言葉もいただきました。

「よい商品も理念も組織も揃っているけれど、でも忙しい……!」
という経営者の方ほど、ぜひ試してみてください。

Q 月イチ旅の時間はどうやってとったらいい？

A 予定を決めてスタッフに任せよう

まず、月イチ旅の時間をどのようにとるのか悩んでしまう人は少なくありません。
これは、先にスケジュールを決めてしまうことが重要です。

わたしは半年先まで予定を組んでしまいます。

途中で行き先を変更することはありますが、まずは日程を決めましょう。

それからもうひとつ、本書で繰り返しお話ししましたが、自分がいなくても仕事がまわるしくみをつくることが重要です。

「任せられない」と思う人は、任せるためにはどうしたらいいのかを考えてみましょう。組織を育てる際は、じつは、指導者による指導やレクチャーといった受動的に学ぶ教育を整えることよりも、自ら学ぶ環境や学習するしくみをつくることが大切です。

自分から学べる環境をつくれるように、まずは任せると決めるところから始めてください。それから、学習のしくみ・スタッフ育成のしくみの構築をスタッフと一緒につくっていくのです。

そして、育った人が、ほかの誰かに教えていくことができるようなしくみをつくっていきましょう。

Q　もし台風などで行けなくなりそうなときはどうしたらいい？

A　リスク対策は、考えるべき要素をすべて出すことから始める

天候は自分でコントロールできないので、予定と重なってしまうことはあり得ます。

どうしても難しいときは、旅行をキャンセルするという選択肢もあるでしょう。

ただ、月イチ旅に行くことができなくても、自宅の近くでゆっくり過ごすことは可能です。

「旅行に行かなくなったから、会社に行こう」
「月イチ旅に行けなくなったから、自宅で仕事をしよう」
と自分との時間まで反故にしないようにしてくださいね。

どう対処するかを考える練習にしよう

ちなみに、本書で例としてご紹介した、沖縄県の月イチ旅合宿は台風に当たる予想だったので、事前にさまざまな想定をしました。

ポジティブシンキングだけでは、ただの現実逃避になってしまうこともあるので、具体的にどうするのか、最悪を想定して事前に考えておくことは重要です。

たとえば、わたしの場合、宿泊場所は島にあるので天候によっては空港から施設に行くことができなくなる可能性もありました。

また、無事に施設までたどり着くことができても、悪天候で外に出ることができなければ、予定していたワークは実施できません。

結果的に台風の進路が少しずれて、台風一過の良好な天候のなか、最高の時間を過ごせましたが、もし台風に遭遇しても最高の時間が過ごせるよう事前の対策は重要です。

これは人生も同じです。

どんなに準備をしていても、どこかでトラブルは起こるものですから、そのときにどう対処するかが重要なのです。

月イチ旅のトラブルは、その練習として考えてみてください。

読者限定無料プレゼント

本書の内容をより深く理解していただけるように3つの特典プレゼントをご用意しました。

特典1

しくみ化セミナー

年商1億・10億・30億の壁を越える3つのポイントを本書の内容をより詳しく解説します。

特典2

経営しくみ化診断シート PDF（PDF）

特典3

実践7つのステップ（PDF）& メルマガ

URL

https://lp.kazutomizuno.com/p/83W4DqPRjKvd

水野加津人 公式サイト

経営のしくみ化コンサルティングのご相談、ご依頼、研修、講演、取材のご依頼は、お気軽にご連絡ください。

URL

https://kazutomizuno.com/

おわりに

本書を最後までお読みいただき、ありがとうございました。

年商1億、10億、30億円と売上を上げている経営者の多くは、社会貢献をしたいと思っています。でも、そのためにしゃかりきになって働き、身体を壊しては元も子もありません。

昭和の時代は、たとえ大企業であっても、スタッフは毎日残業をして、数字が上がらないと休めない、売上を出せないと辞めていかなくてはいけない…という恐怖を感じながら過ごしている人が大勢いました。

もちろん、会社の存続のために、売上はなくてはならないものですが、売上だけを求めるビジネスには、限界もあります。

本書は、経営者が本当にしたいことを実現しながら、ビジネスを右肩上がりにするための成功法則をご紹介しました。

しくみによって、経営者以外の人が同じ理念のもとで動けるようになると、組織全体のサービスが向上します。

お客様に喜ばれ、スタッフのモチベーションも上がり、会社も飛躍的に伸びていくようになるでしょう。

さらに、継続して行うことでよいものが伝播し、人もサービスもレベルアップしていきます。そして、次第にトップがいなくてもまわる組織になっていくのです。

わたしは、働く人の幸福度を高めるサポートをしていきたいと考えています。

そのために、ビジネスコンサルだけでなく「健康」と「月イチ旅」といった取り組みも提案しています。

これからの時代に、とても大切なのは「時間」です。

時間の質は、そのまま人生の質に影響します。

自分ががんばりすぎていることに気づくことで、心身の健康を損ねる前に、違う選択肢を選ぶことができるようになるはずです。


お客様に求められる素晴らしいサービスを提供している経営者こそ、がむしゃらにがんばるのではなく、長期的な視座を持って、人生を充実させてください。

月イチ旅で美味しいものを食べて、心も身体も整えていきましょう。

そしてビジネスを安定させ、長く続けることで、社会に貢献していけたら、最高ですね。


社長が健康でしあわせであれば、社員もお客様も健康でしあわせになっていきます。

その輪を経営者から、家庭、会社、業界、社会、日本そして世界に拡げていきましょう。


本書が、その一助になりましたら幸いです。

【謝辞】

最後になりましたが、これまで支えてきてくださった恩師の皆様、スタッフの皆さん、これまで出会ってきたすべてのお客様。そして、本書のインタビューに快くご協力いただいた、素敵な経営をされている、田村潤様、横山直宏様、岡城良太様、岩下由加里様、軸丸翔様、西口まゆこ様へ感謝を込めて。

そして、さまざまな取り組みをするわたしを見守り・応援してきてくれた家族へ、ありがとう。

2024年11月　水野　加津人

＜著者紹介＞

水野　加津人（みずの・かずと）

経営コンサルタント

アメリカが母体の運動療法の日本法人立ち上げに携わり、12年にわたって代表取締役を務め、一般財団法人を設立。講座・スクールビジネスの構築、フランチャイズ教室107教室を運営する組織を築く。

その後、経営コンサルタントとして活動。健康・美容・教育業界を中心に幅広い領域に関わり、年商1億円未満の組織から、10億円、30億円、100億円単位の企業まで伴走している。

会社やお客様を優先して働いてきた経営者たちが、年齢を重ね、心身の不調に悩んでいる姿を目の当たりにし、社長がしあわせかつ健康に経営できるしくみづくり、スタッフがイキイキと働きながら自然と売上が上がっていくしくみづくりに尽力している。

著書は『1億円経営　年商1億円超えが10年以上続くビジネスのつくり方』『月イチ旅で年商1億円』ほか多数。


年商《ねんしょう》1億《おく》・10億《おく》・30億《おく》を叶《かな》える経営《けいえい》しくみ化《か》大全《たいぜん》　〈検印省略〉

2024年11月1日　第1刷発行

著　者 —— 水野　加津人
発行者 —— 星野　友絵
発行所 —— 星野書房
〒107-0062 東京都港区南青山5丁目11-23-302
電話 03（6453）9396 ／ FAX 03（6809）3912
URL https://silas.jp　E-mail info@silas.jp
発　売　サンクチュアリ出版
〒113-0023 東京都文京区向丘2-14-9
電話 03（5834）2507 ／ FAX 03（5834）2508
URL https://www.sanctuarybooks.jp/
E-mail info@sanctuarybooks.jp
印刷・製本：株式会社シナノパブリッシングプレス

©Kazuto Mizuno 2024 Printed in Japan

ISBN978-4-8014-8260-9 C0034

乱丁・落丁本はお取り替えいたします。

購入した書店名を明記して、星野書房へお送りください。ただし、古書店で購入された場合はお取り替えできません。本書の一部・もしくは全部の無断転載・複製複写、デジタルデータ化、放送、データ配信などをすることは、著作権法上での例外を除いて、著作権の侵害となります。